LINGUAGEM CORPORAL

Guia Para A Leitura Da Comunicação Não Verbal

(Aprimorando A Linguagem Silenciosa Dos Alfas)

Rick Lotz

Traduzido por Daniel Heath

Rick Lotz

Linguagem Corporal: Guia Para A Leitura Da Comunicação Não Verbal (Aprimorando A Linguagem Silenciosa Dos Alfas)

ISBN 978-1-989837-20-7

Termos e Condições

De modo nenhum é permitido reproduzir, duplicar ou até mesmo transmitir qualquer parte deste documento em meios eletrônicos ou impressos. A gravação desta publicação é estritamente proibida e qualquer armazenamento deste documento não é permitido, a menos que haja permissão por escrito do editor. Todos os direitos são reservados.

As informações fornecidas neste documento são declaradas verdadeiras e consistentes, na medida em que qualquer responsabilidade, em termos de desatenção ou de outra forma, por qualquer uso ou abuso de quaisquer políticas, processos ou instruções contidas, é de responsabilidade exclusiva e pessoal do leitor destinatário. Sob nenhuma circunstância qualquer, responsabilidade legal ou culpa será imposta ao editor por qualquer reparação, dano ou perda monetária devida às informações aqui contidas, direta ou indiretamente. Os respectivos autores são proprietários de todos os direitos autorais não detidos pelo editor.

Aviso Legal:

Este livro é protegido por direitos autorais. Ele é designado exclusivamente para uso pessoal. Você não pode alterar, distribuir, vender, usar, citar ou parafrasear qualquer parte ou o conteúdo deste ebook sem o consentimento do autor ou proprietário dos direitos autorais. Ações legais poderão ser tomadas caso isso seja violado.

Termos de Responsabilidade:

Observe também que as informações contidas neste documento são apenas para fins educacionais e de entretenimento. Todo esforço foi feito para fornecer informações completas precisas, atualizadas e confiáveis. Nenhuma garantia de qualquer tipo é expressa ou mesmo implícita. Os leitores reconhecem que o autor não está envolvido na prestação de aconselhamento jurídico, financeiro, médico ou profissional.

Ao ler este documento, o leitor concorda que sob nenhuma circunstância somos responsáveis por quaisquer perdas, diretas ou indiretas, que venham a ocorrer como resultado do uso de informações contidas neste documento, incluindo, mas não limitado a, erros, omissões, ou imprecisões.

Índice

Parte 1 1

Introdução 2

A Base Para Todas As Coisas Que Importam 4

ATITUDES MENTAIS ERRADAS SOBRE A CONFIANÇA 5
PERCEPÇÃO TENDENCIOSA #2: CONFIANÇA É ARROGÂNCIA 8
INTERRUPÇÕES 9
CUSPIR NOMES 10
PERCEPÇÃO TENDENCIOSA #3: CONFIANÇA É *CHUTZPAH* 12
PERCEPÇÃO TENDENCIOSA #4: CONFIANÇA É O MESMO QUE SER INSENSÍVEL 13

Pensar Em Si Mesmo Com Confiança 20

O PODER DOS PENSAMENTOS 21
EXCELÊNCIA 25
A ESPIRAL CONFIANÇA-REALIZAÇÃO-CONFIANÇA 31

Apagando Os Velhos Programas Ou Códigos 32

JUNTANDO-SE AOS ALFAS 33
QUESTIONA A TI PRÓPRIO 34
NÃO ALIMENTE A BESTA 37

Reprogramando Sua Mente Para A Suprema Confiança ... 40

AFIRMAÇÕES 40
AINDA NA COMPANHIA DOS ALFAS. 44
JUST DO IT (OU, SIMPLESMENTE FAÇA ISSO!) 45

Os 10 Princípios Da Linguagem Corporal De Alto Nível 47

PRINCÍPIO #1: OBTENHA MAIS ESPAÇO 47
PRINCÍPIO #2: MOSTRE AS VIRILHAS. 51
PRINCÍPIO #3: DESACELERE SEUS MOVIMENTOS. 53
PRINCÍPIO #4: SEJA NÃO-REATIVO. 55

PRINCÍPIO #5: RECLINE-SE. 59
PRINCÍPIO #6: RECLINE-SE PERANTE AS COISAS SEMPRE QUE PUDER.
.... 62
PRINCÍPIO #7: UM CONTATO VISUAL MARCANTE. 63
PRINCÍPIO #8: SEM RISO FALSO. 65
PRINCÍPIO #9: APRESENTAÇÃO BEM ANIMADA. 66
PRINCÍPIO #10: MANTENHA A TENSÃO. 68

Dicas E Truques Para Uma Linguagem Corporal Dominante
.... 72

TRUQUE #1: SEJA SEMPRE O PRIMEIRO A SAIR DA CONVERSA. 73
TRUQUE #2: ALTO NÍVEL TAMBÉM QUANDO ESTIVER SENTADO. 75
TRUQUE #3: TENHA CONFIANÇA EM SEUS POLEGARES. 77
TRUQUE #4: BRAÇOS CRUZADOS. 77
TRUQUE #5: GERENCIANDO CRÍTICAS. 80
TRUQUE #6: NÃO TENHA MEDO DE REIVINDICAR O SEU ALTO NÍVEL.
.... 81

O Treinamento Da Linguagem Corporal 82

ENTÃO, O MODO #1 É A PRÁTICA CONSTANTE, O TEMPO TODO. 82
MODO #2: ESCOLHA UM DOS DEZ PRINCÍPIOS E O PRATIQUE
DIARIAMENTE. 85

O Estilo De Caminhar Em Alto Nível 92

#1: ELES ANDAM ERGUIDOS E ABERTOS, COM A TÍPICA POSTURA DOS
MACHOS ALFAS. 93
#2: ELES SABEM AONDE ESTÃO INDO. 95
#3: CAMINHAR SUAVE E CONTROLADO. 98
#4: O ANDAR É UMA MARCHA (MASCULINA) DA VITÓRIA. 99
#5: OS ALFAS FREQUENTEMENTE VISUALIZAM ALÉM DA MULTIDÃO.
.... 102

Como Andar Igual A Um Verdadeiro Don Juan Moderno-
Certifique-Se De Encontrar O Seu Estilo Sexualmente
Atraente Ao Caminhar 106

Conclusão 116

Parte 2 119

Introdução 120

Capítulo 1 124

A Importância Da Linguagem Corporal 124

Capítulo 2 131

Gestos Comuns 131

Os Olhos *140*
Contato Visual *146*

Gestos E Posturas Do Corpo 150

Outros *158*
COMO SABER QUANDO ALGUÉM ESTÁ MENTINDO 161
ABERTA VS FECHADA 169
ESTIMULANDO UMA PESSOA COM UMA LINGUAGEM CORPORAL
FECHADA 177

Capítulo 3 181

Linguagem Corporal Na Vida Profissional 181

Entrevistas *181*
REUNIÕES 184
REUNIÃO DE VENDAS 188
DIVERSOS 189

Capítulo 4 192

Linguagem Corporal Na Vida Pessoal 192

Parte 1

Introdução

Diga lá, chefia!
Quero agradecer e o parabenizar por ter adquirido Treinamento em Linguagem Corporal.
Você deve saber que os seres humanos constantemente analisam situações e pessoas de modo a, rapidamente, conseguirem determinar em que categoria devem enquadrá-las: superior, mediana, ou inferior.
Trata-se de um mecanismo de sobrevivência, pois devemos saber quem tem força, e quem não tem. É algo que se incorporou em nossa programação intrínseca com o passar dos milênios.
Assim, a maioria das pessoas não confiam em palavras pois aprenderam desde muito jovens as artes da mentira. Qualquer um pode dizer: "Eu dirijo aquele supercarro", "Eu moro naquela cobertura", "Eu conheço aquela celebridade". Quer dizer, tais palavras podem ser proferidas tanto

por um indivíduo de alta categoria, como por um pé rapado qualquer.

Por esse motivo, muitos preferem ler os sinais de status presentes na linguagem corporal: ESSA sinaliza com honestidade ímpar! Ao mesmo tempo em que é difícil de falsificar, e permite uma leitura fácil.

Lembre-se sempre da lei geral: linguagem corporal de elevada categoria = pessoa de elevado status.

É simples assim, e podemos confiar nessa leitura.

Uma vez que formamos uma opinião sobre aquela pessoa, é quase impossível mudarmos de ideia.

Portanto, sua linguagem corporal é a VERDADE SILENCIOSA, e você deve dominá-la se quiser dar o próximo passo no jogo e progredir por toda a vida.

E agora, vou lhe mostrar como treinar para se tornar um completo e poderoso mestre na arte de aparentar pertencer ao mais elevado status social em qualquer situação.

Novamente, agradeço por ter adquirido esta obra. E agora, vamos começar!

A base para todas as coisas que importam

Se a confiança fosse um sujeito, eu aposto que seria um dos mais incompreendidos! De fato, a percepção ou impressão da maioria das pessoas são, via de regra, muito tendenciosas, e poucas se atrevem a se afastar, por pouco que seja, disso. Mas não você, meu caro leitor! Você quer ser um macho alfa que atrai as gatas e as mantêm ao alcance de suas calças, certo?

Por isso mesmo não pode temer o conceito de confiança, e sim agarrá-lo como se estivesse abraçando Megan Fox ou Mila Kunis caso tivesse a oportunidade e coragem para isso. Para te ajudar a fazer isso, vou chutar na bunda essas percepções equivocadas e expulsá-las do seu sistema mental retardado.

Não é para parecer espiritualizado ou o justo dos justos, mas o melhor modo de comprar a ideia sobre a importância de ter o pensamento correto sobre confiança, eu encontrei na Bíblia. Sim, sim, eu li o livro sagrado algumas vezes! Diz-se que não podemos colocar vinhos novos em barris velhos – o antigo modo de armazenar e envelhecer vinhos novos. Por quê? É dito – e isso é cientificamente provado – que se você colocar vinho jovem dentro de um odre velho, um estouro se ouvirá, e o vinho se desperdiçará.

Suas atitudes mentais são esses odres velhos, e o que você está prestes a aprender sobre confiança é o vinho jovem. Então, faz todo o sentido substituir esses odres velhos (suas atitudes mentais) por novos, que permitirão a você receber conteúdos revigorados que elevarão sua autoconfiança a níveis gloriosos!

ATITUDES MENTAIS ERRADAS SOBRE A CONFIANÇA

Atitudes mentais ou crenças inadequadas sobre confiança, certos conjuntos de pensamentos tanto fazem você errar quanto o mantém afastado de obtê-la.

Para auxiliá-lo a se tornar confiante o suficiente para ser o alfa do pedaço, vamos dar uma olhada nas atitudes mentais mais comuns que tiram sua vontade de melhorar nessa área e não deixam que progrida em seus níveis de autoconfiança.

Percepção tendenciosa #1: Você pode simplesmente fingir até que a consiga de verdade.

Sei, você já ouviu isso antes. Agir como se fosse rico e, eventualmente, mais cedo ou mais tarde, terá $ 1 milhão em sua conta bancária! Nada pode estar mais longe da verdade. Se você agir como rico, precisa gastar como rico! E se gastar como um rico, ainda não sendo um, a última coisa que se tornará será um milionário. Na verdade, acabará é na bancarrota! Senso comum, certo?

Quando de confiança se tratar, agir como se a tivesse poderá apenas para longe dela te levar.

Claro, é um bom modo de incrementar sua confiança a curto prazo e ajudá-lo a começar com o pé direito quando se trata de construir genuinamente sua autoconfiança, mas se não passar disso, você vai ficar na mão, pois não durará muito. Você precisa de uma mudança interna verdadeira caso queira ser genuinamente confiante e exteriorizar a linguagem corporal correta para, desse modo, atrair quem realmente lhe interessa.

Com confiança pirata (leia-se: falsificada), você provavelmente será capaz de convencer metade das pessoas pela metade do tempo, ou, querendo ser otimista, todo mundo por algum tempo.

Mas, acredite, isso não vai se sustentar, especialmente se estiver tentando marcar pontos com aquela pessoa realmente especial. Talvez você aja com toda a confiança e tudo o mais, mas muito em breve aquela pessoa desafiará essa sua "confiança e "masculinidade" ao dificultar as coisas, e provocará sua desistência. Sua verdadeira e débil força de vontade eventualmente se mostrará por entre as rachaduras, deixando entrever o pequeno *Humpty Dumpty* : um bobo alegre.

Então vamos tratar de trabalhar em seu órgão mais importante. Não, cara, não é o seu pinto! Estou falando do seu cérebro! Mude sua mente e poderá mudar sua vida! Quando se é genuinamente confiante, sua linguagem corporal torna-se naturalmente consistente e inexpugnável. Nós sabemos o inevitável resultado de uma linguagem de corpo dessa natureza, concorda?

Percepção tendenciosa #2: Confiança é arrogância
Arrogância é ter excesso de confiança, ser autocentrado egoisticamente, sentir-se superior aos outros. Assim como comida e sono, excesso de coisas boas pode ser tornar ruim para sua vida sexual. Estamos de acordo? Foi o que pensei.

Certo, então agora que você percebe que ser confiante para atrair pessoas não é ser arrogante, como determinar o quanto acaba se tornando excessivo? Como eu gostaria que houvesse algum tipo de medida ou livro *Guinness* de recordes para avaliar esse tipo de coisa, mas, infelizmente, não há. Não quer dizer que você não seja capaz de avaliar se está sendo confiante ou arrogante. Você pode muito fazer estimativas se seguir as seguintes instruções.

Interrupções
Quando as interrupções têm mais a ver com arrogância/excesso de confiança ou com autoconfiança? Quando você conversa com alguém que tem aquele "tesão" por sua irmã mais nova, e o papo se direciona para como ele gostaria de fazer com ela aquelas coisas sexuais que são mostradas nos filmes pornôs, interromper esse sujeitinho no meio da fala não é somente confiança, mas também a coisa certa a ser feita. Ter coragem de desagradar um amigo chegado para defender a honra de sua irmã é autoconfiança.

Num grupo de amigos onde alguém está falando sobre alguma realização pessoal recente e você interrompe para discorrer sobre seus próprios interesses, sem dar ao seu amigo a chance de terminar a estória, isso é arrogância. Além de não ser legal, é muito desrespeitoso. E claro, perigoso, se, por acaso, o camarada tiver a constituição de um Dwayne "*The Rock*" Johnson.

Cuspir nomes
Imagine se você foi enviado pelo presidente de sua empresa para representá-lo em um importante evento de alto nível. Quando chegar na sede da outra empresa e for levado diretamente ao escritório do presidente dessa firma, e falar: "Estou aqui para encontrar o(a) senhor (senhora) fulano(a) de tal. Venho em nome do presidente da minha empresa sr.(sra.) Ciclano(a) das candongas," isso não é cuspir nomes. É confiança na autoridade que lhe foi dada pelo presidente da empresa na qual trabalha.

Se você se inclui dentre os milhões de indivíduos que megacultuam o *iPhone* e deseja adquirir uma unidade do modelo mais recente no dia do lançamento, mas acha – com pesar – que a fila da meia-noite, que já ultrapassa 2 quarteirões, é muito sacrifício, existem duas opções. Resigna-se e cai dentro da interminável fila, ou, retorna de manhã, fura a fila dizendo ao vendedor: "Olá, eu sou Tim Cook." Isso é excesso arrogante de autoconfiança. Saiba que você não é o único que conhece Tim Cook. Praticamente todo mundo nos Estados Unidos, ao menos aqueles que são iPhone fanáticos, conhecem o carinha. A questão que fica é: ele te conhece? E mesmo que conheça, ainda assim, isso não lhe dá o direito de furar a fila.

Apontando os dedos

Quando um colega de trabalho é promovido, apesar de você ter uma opinião contrária sobre isso, mesmo assim aponta para ele e diz com sinceridade: "Você é o cara!", isso é confiança. Apontar o dedo ao se dirigir a um colega durante uma reunião não é - é arrogância.

Percepção tendenciosa #3: Confiança é *Chutzpah*

Pronuncia-se *hutz-pah* (o C é mudo), é derivado do hebreu ou palavra judaica – surpresa – "*hut spa*" refere-se à insolência ou descaramento. Igual a arrogância, *chutzpah* é uma manifestação negativa da confiança no sentido que excede os níveis saudáveis dessa qualidade.

Então, como saber se é *chutzpah* ou confiança? Vou mostrar algumas situações para exemplificar..

Confiança é pedir que um democrata vote em um candidato republicano à presidência. *Chutzpah* é zombar ou condenar aquela pessoa por não ceder ao seu pedido.

Aproximar-se de uma pessoa interessante em um bar, começar e manter um bate-papo agradável e sensual, e mais tarde, eventualmente, conseguir o telefone dela, é confiança. *Chutzpah* é dizer a essa mesma pessoa enquanto se aproxima: "Por que você não se faz um grande favor e vem pra cama comigo?"

Confiança é solicitar referências a um cliente em potencial que acabou de se recusar a comprar de você. Forçar esse cliente a aceitar sua proposta dizendo o quanto os argumentos que ele apresentou são furados, e menosprezar-lhe as habilidades negociais é *chutzpah*.
Existem milhões de outros exemplos que poderiam ser dados, mas creio que você já pegou o espírito da coisa, não é?

Percepção tendenciosa #4: Confiança é o mesmo que ser insensível
Você não tem que desmerecer os sentimentos e opiniões dos outros, seja falando ou agindo ofensivamente, sem educação ou rudemente, para sentir-se confiante. Mais uma vez, isso é excesso de confiança. Não é confiança ironizar a falta de habilidade física de alguém em uma conversa de corredor na empresa – isso é insensibilidade. Como o álcool, confiança é melhor em doses moderadas - muito pouco é inútil, e o exagero torna-se destrutivo.

Aqui está um exemplo que poderá clarificar a diferença entre a confiança e a insensibilidade.

Expressando com a razão

Quando você fala com a razão, o tom, o ritmo e as palavras certas aparecem, isso é confiança. Veja o caso do: casamento homoafetivo. Confiança é expressar confortavelmente suas opiniões contrastantes sobre o assunto quando questionado por alguém, seja por um carola fervoroso ou por um fanático pelo LGBT *hard-core*. É necessário ter confiança para, respeitosamente e de forma honesta, exteriorizar uma opinião dissidente, seja para que facção for. Expressar-se apenas para se manter nas boas graças das pessoas que o cercam não é ser confiante. É ser um covarde.
Insensibilidade e quando, ao ser apresentado a um casal homoafetivo, imediatamente deixar escapar sem pestanejar: "Creio que vocês estão no caminho certo para o inferno." Ao ser introduzido a uma pessoa muito religiosa,

comenta: "Deus não existe. Trata-se apenas do ópio do povo que não é capaz de encarar a vida real.", isso também é insensibilidade.

Fumar
Fumar é uma daquelas coisas que, tratando-se de confiança, é uma verdadeira faca de dois gumes bem afiados. Por um lado, não se pode negar o fator *cool* que empresta aos que tragam e expelem fumaça até só restar a bituca. Nem precisa pensar muito - o Homem-Marlboro, um dos maiores ícones *cool* de todos os tempos. Morrer com câncer de pulmão nunca pareceu tão descolado, né? Fumar nas áreas apropriadas, apesar do que as pessoas pensam sobre isso, é confiança. Fumar em locais não permitidos e na presença de não fumantes, não é ser confiante. É ser insensível.
Eu sei, todos temos o direito de escolher viver ou morrer como quisermos. Mas nossos direitos terminam onde começam os dos outros e, infelizmente, muitas pessoas insensíveis não se tocam sobre

onde está a linha limite. É como se elas fossem o centro do universo e tudo e todos girassem ao seu redor e de seus direitos. Seja confiante, não insensível.

CONFIANÇA DE VERDADE É
Agora que demolimos alguns estados mentais errôneos que impediam você de atingir a desejada confiança, é tempo de sair das sombras e se mostrar! Quero lhe ajudar a entender a real confiança por meio de uma ilustração sobre o limoeiro.

Se você plantasse uma semente de limão, o que seria razoável esperar que crescesse nesse pedaço de terra daqui há muitos anos? Correto – um limoeiro! Muito bom, chefia! Você andou fazendo seu dever de casa, eu sei! E por que deveria esperar que aquilo acontecesse? É muito óbvio – de uma semente de limão não se se espera, razoavelmente ao menos, que nasça uma macieira!

Agora, imagine por um momento que há mais de uma década você não visitava o local de plantio, e, ao retornar, lá encontra uma árvore cheia de...limões! Se colher todos os limões dos galhos, na próxima colheita terá a expectativa de colher os mesmos tipos de frutos outra vez? Sim, é o que esperará! Por quê? Porque essa é uma árvore de limões, *Sherlock*! Seria insanidade ter a expectativa de encontrar maçãs crescendo em um limoeiro, certo?

Mas, e se você enxertar maçãs nos galhos do limoeiro; colherá maças no ano que vem? Ou se enxertar galhos de uma macieira no tronco do limoeiro – vai manter as expectativas de que cresçam maças para a colheita da próxima estação ou das posteriores?

Não. Por quê? Certo, outra vez – não se trata de uma árvore de maças! É um limoeiro, e como tal, você só poderá esperar que cresçam limões, seja no ano que vem ou nos demais anos vindouros.

Se cortar os galhos, ainda florescerão limões? Pode demorar um pouco mais, mas sim – os limões voltarão a despontar. Por quê? Porque continuará sendo uma árvore de limões. E se a árvore tiver o tronco cortado? Ainda sim, no futuro, virão limões; vai demorar bem mais, afinal, o próprio tronco terá que se regenerar outra vez.

Qual a causa de tanta persistência?

O que mantém o limoeiro tão determinado a gerar limões, mesmo no caso do tronco ter sido fatalmente mutilado? Quero dizer, não se trata de um daqueles zumbis do *Walking Dead,* certo?

A resposta? São as raízes! Enquanto elas estiverem vivas, a árvore continuará a dar frutos – nesse caso em particular, limões. Até que você arranque a coisa, ela continuará a dar vida aos limões. É a mesma coisa com a confiança, camarada!

Se você é um autoconfiante intenso (de raiz), agirá de forma consistente com isso, e sua linguagem corporal inconscientemente exteriorizará essa confiança genuína. Uma linguagem corporal correta poderá, sem dúvida, lhe ajudar a sentir-se rapidamente confiante e também auxiliará a conquistar a verdadeira confiança, mas se o propósito for apenas exibicionista esses sinais desenraizados não se manterão por muito tempo, perderão a consistência.

Caso o seu verdadeiro eu não se torne confiante, não espere manter a consistência dessa linguagem corporal por muito tempo.

Por isso vamos tratar de implantar sólidas fundações para que sua lendária linguagem corporal de alto nível possa se sustentar eternamente. É como construir uma casa sobre rocha sólida e não em terreno pantanoso, entendeu, Pica das galáxias?

Pensar em si mesmo com confiança

"Um homem é aquilo que sente em seu coração."

Falando com franqueza; não consigo imaginar um mundo sem preconceitos. Por mais que eu deseje viver em um, é simplesmente impossível pois todos nós possuímos opiniões e preferências diversas. Sendo assim, a harmonia perfeita jamais existirá e os preconceitos serão tão certos quanto a morte e os impostos.

Por exemplo, dificilmente eu seria convencido a esperar que pessoas marginalizadas nas favelas de países miseráveis acreditassem poder se erguer das cinzas rumo a uma vida próspera, se jamais souberam o que é a verdadeira prosperidade. Não que eu não deseje encorajá-las a isso, mas nivelei minhas expectativas às chances de que isso realmente ocorra; não sou capaz de ir além disso. As condições em que essas pessoas são criadas geram atitudes mentais de pobreza para a vida e, como tal, elas adquirem tendências contrárias a sair desse estado de pobreza debilitante.

Em contraste, sabemos de pessoas pobres que se ergueram desse estado e tornaram-se muito ricas! Como assim? O que aconteceu? Como conseguiram acreditar e passaram a ter esperanças enquanto a maioria no mesmo nível social nunca consegue? É porque algumas delas foram capazes de se agarrar a um vislumbre – talvez uma intuição, uma visão de sua realidade, de que seria possível sair daquela condição em direção à prosperidade. Pode ter sido um parente, amigo ou vizinho que tenha sido o agente provocador disso. O que importa é que elas viram o que poderia ser feito e acreditaram que seriam capazes de agir. Assim, foram direcionadas a combater a ideia de que se você nasceu pobre, morrerá pobre.

O PODER DOS PENSAMENTOS

Embora seja verdade que não temos controle sobre a maioria dos eventos que ocorrem em nossas vidas, por exemplo, a família onde nascemos; podemos controlar o que pensamos a respeito — seja sobre aquela pessoa na qual você tem interesse há muito tempo ou sobre o fato de necessitar trabalhar muito para atrair a atenção dela, entre outros objetivos nobres na vida. Em particular, você pode controlar as coisas que permeiam seu subconsciente, ou seja, manter sobre rédea curta aquilo que dita seus hábitos e atitudes.

Antes de ir mais fundo nessa coisa meio freudiana "mambo-jambo", permita-me lhe orientar — caso ainda não o tenha feito — sobre nossas mentes. Elas possuem dois compartimentos: o consciente e o subconsciente. A mente consciente é a que usamos para ativamente controlar os movimentos, pensamentos e fala, especialmente quando prestamos atenção ou nos conscientizamos sobre esses atos. A mente subconsciente, por outro lado, é a parte que basicamente controla a sua vida sem que você se dê conta ou tenha voz ativa sobre ela. Tais coisas, incluindo a respiração, seu coração, seu processo digestivo e todos os outros movimentos nos quais você tenha se tornado um mestre, como dirigir, pedalar, tocar guitarra.

A mente subconsciente pode ser pensada como um torpedo. Usando sua mente consciente, você programa as "coordenadas" dos alvos (metas, objetivos) que deseja atingir e, uma vez feito isso, pode simplesmente disparar o torpedo e deixar que faça o trabalho de busca aos alvos designados. Do mesmo modo que ocorre com o torpedo disparado, você não tem mais controle sobre ele. Pode apenas reprogramar o bruto para uma busca completamente diferente de alvos que estejam mais em linha com o que deseja.

Você já teve a experiência de tentar fazer arduamente alguma coisa – talvez mudar um comportamento ou erradicar um hábito – diferente e somente conseguiu ficar frustrado porque acabou voltando ao antigo modo de se comportar ou ao hábito que queria eliminar? Foi porque quis atingir o alvo apenas tentando controlar um torpedo incontrolável, e não se deu ao trabalho de reprogramar o projétil para a busca daquele alvo desejado. É igual a aprender tocar guitarra pela primeira vez. Por mais que você mergulhe a cabeça em todas as lições disponíveis no *YouTube* durante 24 horas, ao final do dia mesmo tendo dado muito duro e usado a mente consciente para se aperfeiçoar na tarefa, acabará sentindo-se frustrado. Mas, se relaxar e simplesmente praticar as lições sem se preocupar com o tempo, entrará no modo de programação do seu subconsciente, e com a prática necessária esse lado da mente selecionará automaticamente o novo alvo. Nesse momento, alcançará naturalmente a excelência.

Agora a decisão é sua: você quer reprogramar sua mente subconsciente para se tornar genuinamente uma pessoa natural e ser capaz de, no devido tempo, consistentemente manifestar uma linguagem corporal de alto nível, podendo assim atrair e seduzir as pessoas maravilhosas que deseja para satisfazer seus desejos mais íntimos? Caso queira, então considere os "códigos" a seguir como necessários para programar em sua mente subconsciente e se tornar aquele sujeito verdadeiramente confiante - para ser O Cara!

Excelência
Uma mentalidade que provoca o vazamento e desperdício de sua autoconfiança é achar que tem que ser perfeito para confiar em si mesmo e em sua masculinidade. Se você pensa desse jeito, não o culpo, camarada! Muito disso se deve às questões com pais e mães, por exemplo, crescer com pais que não se contentam com desempenho escolar abaixo de 100%. Sem seu consentimento, seus pais ou o ambiente no qual você cresceu (pode ter sido na escola) programaram seu subconsciente para atingir a perfeição (alvos).
O problema em ter a perfeição como alvo é que você nunca a alcança. Ninguém é perfeito, mano! E isso inclui você, *brou*! E

se você constantemente se esforçou para atingir o impossível, com certeza muitas vezes se decepcionou, ou pior, se desesperou. Com certeza isso teve o efeito de uma bomba atômica sobre a sua autoconfiança. No caso de não ter sido capaz de lidar bem com essas falhas, está correndo o risco de inconscientemente ter programado sua mente para aceitar um novo alvo: o fracasso. Uma vez que o seu subconsciente aceita essa nova missão, você perde a força (conscientemente, é claro) para deter o processo de agir como um fracassado, e com o tempo minará ainda mais a sua autoconfiança.

Se não acredita que seja um caminho para o inferno em tentar ser perfeito, dê uma olhada em 2 grandes atletas e num dos mais bem-sucedidos empreendedores da história da humanidade: Michael Jordan, Muhammad Ali e Steve Jobs. Não conhece esses sujeitos? Então você é um extraterrestre, manezão!

Vejamos Michael Jordan – o MONSTRO do basquete, o maior de todos os tempos. Sua porcentagem de arremessos – atirar a bola certeira no cesto do basquete – atinge assombrosos 49,7%. O que isso pode significar para você? Ele, na verdade, errou um pouco mais de arremessos do que pontuou. Isso é perfeição? Na na ni na não! Mas preste atenção na confiança e na presunção do sujeito – uma lenda!

Vamos nos concentrar em outro MONSTRO, dessa vez no ringue de boxeadores. Muhammad Ali não era conhecido por ser um exemplo de humildade igual ao Manny Pacquiao – ao contrário, mas tinha uma autoconfiança dos infernos. Mas qual o recorde em sua carreira de boxeador? Em seus 61 combates profissionais, ganhou 56 e perdeu 5. Uma perda próxima de 10%, dá pra dizer que isso é perfeição? Nah...mas o cara é o MONSTRO do boxe, mané! E não estava nem aí para a timidez ou a modéstia!

E por último, vamos apreciar Steve Jobs. Sim, o bilionário...ário...ário...ário...que praticamente revolucionou o jeito como as pessoas se comunicam, o criador que popularizou os *smartphones* e *tablets*. Mas todos já sabemos que após ele ter fundado a Apple, foi chutado de lá, certo? Isso mesmo, carinha – sua própria companhia deu-lhe um pé na bunda. Mas sabemos também que ele era muito bom para ficar de fora e, eventualmente, foi convidado a voltar e blá...blá...blá...o resto é história velha. Vai dizer que isso soa perfeição para você? Nah. Mas é a vida de Steve Jobs e as realizações que fariam você ficar orgulhoso se estivesse dentro dos "Nikes" dele, certo? De certo que sim, invejoso!

Então, se a perfeição pudesse ser – e não pode – um objetivo, o que deveria ser? Significa que eu posso ser um palerma desleixado e, ainda assim, cheio de autoconfiança? Nah, não precisa descer tão baixo na escala evolutiva, *brou*. A meta realista pela qual você deve lutar se chama excelência. Ser confiante significa ser excelente em alguma coisa...qualquer coisa! Melhor ainda se essa coisa for relacionada a algo que o faça visível aos outros, como no emprego ou em habilidades sociais.

Excelência é ser realmente muito bom em alguma coisa; não significa ser perfeito.

Maleabilidade

Quando menciono maleabilidade, não quero dizer habilidade de se esticar e tocar a gata que te atrai do outro lado da sala, tipo o Dr. Reed Richards do Quarteto Fantástico. É melhor esclarecer de uma vez; também não estou me referindo a habilidade de fazer o mesmo com o seu bráulio bilau assanhado. Significa apenas que sua personalidade, caráter e taxa de sucesso na vida não são estáticas – você deve ter a capacidade de modificá-las.

A mentalidade mais tola – e bisonha, se é que me permite acrescentar – é a crença de algumas pessoas de que o destino controla suas vidas e determina seus "destinos". Afirmações como:

"Deus me fez desse jeito, e assim serei para sempre."

"Venho de uma família pobre. E provavelmente morrerei desse jeito."

"Uma vez tímido, sempre tímido."

"Sempre fracassei nos meus principais empreendimentos. Acho que meu destino é ser mesmo um fracassado."

Declarações como essas são as posturas mentais mais venenosas para a autoconfiança de alguém. Por quê? Porque a confiança está tão ancorada no sucesso real, ou na esperança de um futuro melhor, que aqueles tipos de afirmações desprezam o sucesso do presente – por menor que ele seja – e destroem a esperança de um futuro melhor.

Mesmo sendo verdade que existem muitas coisas que fogem ao nosso controle, também devemos reconhecer que outras muitas situam-se dentro do nosso círculo de influência. Você precisa acreditar que sua mente, personalidade e atual status não são permanentes, e que possui o poder de modificá-los. Uma vez que assim o faça, a confiança começará a brotar, vindo à tona.

A espiral Confiança-Realização-Confiança
Mesmo sendo claro que a verdadeira confiança vem, em grande parte, de conquistas reais; não é necessário que ela comece desse jeito. Se esse fosse o caso, então como aqueles que nada têm de significativo conseguem desenvolvê-la? Como conseguem ganhar verdadeira autoconfiança e atrair quem desejam? Estariam eles condenados ao fracasso e a uma vida de celibato compulsório? Eu enfatizo veementemente minha objeção a isso!

De que forma deveríamos lidar com esse enigma? Se você é um desses infelizes que nunca realizaram nada de importante por onde possam iniciar a construção de sua autoconfiança, então pode começar a construir as fundações por meio de ações e pensamentos de confiança.

Eu nunca disse que eles não funcionam.

Apenas falei que não se pode gozar de uma confiança sólida e duradoura se tudo o que se tem é agir e pensar com confiança sem sucessos significativos, ou realizações, guardadas em seus bolsos.

Quando você programa o seu subconsciente para acreditar que pode construir uma longa e sólida autoconfiança, apesar de não ter realizações de valor para dar a partida, se abrirá – até com empolgação – ao emprego dessa confiança instantânea para alavancar o atual estado de ânimo o suficiente para começar a colecionar rápidas vitórias que irão, eventualmente, crescer como bolas de neve colina abaixo.

APAGANDO OS VELHOS PROGRAMAS OU CÓDIGOS

Agora que já conhece alguns dos importantes programas ou códigos que foram inseridos em sua mente subconsciente, é hora de liberar espaço nessa máquina mental. Meu amigo, vamos precisar deletar alguns desses velhos arquivos *démodé* usando uma versão 2.0 que já abordamos.

Existem várias maneiras de fazer isso, com técnicas que variam em facilidade e custo. Olhemos algumas dessas práticas maneiras de deletar velhos programas e códigos que estão mantendo o seu Leão Alfa enjaulado. Comecemos desenterrando atitudes mentais debilitantes da autoconfiança para sobrar espaço para as novas ideias.

Juntando-se aos Alfas
Há um ditado que diz que pássaros de penas iguais voam juntos. Talvez porque grandes mentes pensam da mesma forma! Embora isso signifique que carinhas do mesmo tipo têm a tendência de imitar uns aos outros, creio que você pode usar isso de outra forma: junte-se com aqueles nos quais gostaria de se transformar, de forma a ser influenciado e acabar ficando como eles.

Quando eu era criança, me juntei aos meio-termos — aqueles que nem eram descolados, nem estranhos. Nós éramos as pessoas normais, mano. Me dei conta de que aquela união também me fez ficar, digamos, bem comum. Aquilo mudou quando resolvi me bandear para junto de pessoas que eram confiantes e populares.

Conforme me aproximava ainda mais deles, isso de alguma forma me ajudava a construir minha autoconfiança o suficiente para correr em direção às metas mais ambiciosas e alcançá-las. Caso não tivesse feito aquela aproximação, minhas velhas atitudes mentais de "mediano" e "sem confiança" não teriam sido desenraizadas.

Juntar-se aos alfas lhe proporcionará o benefício do aprendizado pela experiência, de dois modos. Primeiro, você aprende com a experiência dos outros alfas – principalmente sobre o que funciona e o que não - assim, não vai precisar repetir os mesmos erros que eles. Segundo, enquanto aprende, poderá começar a aplicar em sua vida e contar com o benefício de ser guiado e incentivado por esses superconfiantes seres. Enquanto continua aprendendo com a experiência, será capaz de apagar seus códigos velhos e ultrapassados, abrindo espaço para programas mentais novos e úteis.

Questiona a ti próprio

Outra forma de deletar a velharia é desafiando-a. Como a maioria dos ditadores e tiranos, elas são hábeis em permanecer no poder e controlar nossas vidas; para isso contam com a destruição das vontades próprias de seus constituintes ou escravos. O declínio desses controladores começa quando mais e mais pessoas se dispõem a desafiar o *status quo*.

Acontece o mesmo com suas velhas crenças ou programas/códigos. Seu *chip* se livra deles conforme você se propõe ao desafio fazendo perguntas que levantarão dúvidas sobre a validade e relevância disso em sua vida. Na verdade, você já está fazendo isso quando questiona sua habilidade em ser autoconfiante. Por que não trabalhar também com outro método?

Quero que imagine uma cena de sua série de televisão favorita sobre leis e tribunais, "Lei e Ordem", por exemplo, ou *"The Client"*. Como os advogados de defesa – aqueles que defendem os acusados criminais – tentam estabelecer a inocência de seus clientes? Criando uma dúvida razoável sobre a validade das evidências apresentadas. E de que forma fazem isso? Por meio de perguntas.

Você pode agir da mesma forma em relação a sua existência ultrapassada e aos impotentes códigos de autoconfiança que possui. Vamos usar o exemplo da percepção tendenciosa de que ser confiante é ser insensível. Questione-se: Por que eu considero autoconfiança como sendo igual à insensibilidade com outros seres humanos? Questione cada uma das respostas até ver por que a crença de que ser autoconfiante torna você insensível e alguém que afugenta justamente quem mais desejaria atrair. Algumas das questões que pode se propor tratando de seus antigos e ultrapassados códigos e programas (atitudes mentais errôneas) são:

"Quanto disso é verdadeiro? Existe alguma verdade nisso? Por que a maioria dos caras que realizam tudo aquilo que eu admiro, aquelas pessoas verdadeiramente Alfas, não se mostram insensíveis e nem são rudes com os outros?"

"Isso em que acredito é benéfico para mim? Ficarei melhor abandonando essa crença, ou não? Serei capaz de me tornar melhor com as mulheres continuando a pensar dessa forma atual?"

Não alimente A Besta

Uma das mais geniais maneiras de derrotar um adversário poderoso é deixar que morra de fome. Claro, pode levar um tempo maior do que simplesmente dar-lhe umas pancadas na cabeça, mas é bem efetiva. Ninguém vive sem comida, concorda? Compare com os boxeadores e lutadores de artes marciais diversas, a maioria deles continua de pé, prontos para voltarem ao combate mesmo depois de diversos golpes na cabeça. Seus velhos códigos de conduta são como esses lutadores: frequentemente, porradas na cabeça não são suficientes para o nocaute ou a morte; contudo, prive-os da comida por um bom tempo e eles sucumbirão definitivamente.

Para entender como matar de fome as suas velhas crenças, você primeiro necessita saber como as está alimentando. Um dos modos mais comuns, embora inconsciente, de descobrir isso é pela meditação no problema – não quero que você vista malhas e contorça seu corpo em posições diferentes e nada sensuais, e nem que saia por aí exclamando "ohm" ou "shuhmmm". Meditação simplesmente significa pensar sobre alguma coisa repetidas vezes, igual a quando você fantasia sobre fazer sensacionais posições sexuais com aquela cantora ou atriz que te leva à loucura (mas na verdade...só está é transando com a sua mão!). Sim, senhor, rapaz, é sobre isso que estou falando.

Mas, sério, se pensa constantemente sobre o quanto seria difícil para você empregar com sucesso e consistentemente uma linguagem corporal de alto nível e ter sucesso com mulheres, esta é a sua meditação. E aí está você alimentando A Besta!

E como matá-la de fome? Simples — pare de pensar nisso! Sempre que isso pipocar dentro de sua cabeça, simplesmente reconheça e ignore em seguida, deixe ir embora. Recuse-se a ir além de tomar consciência disso; e precisará fazer isso pois se, simplesmente negar essa aparição, não conseguirá eliminá-la. Deixe-a ir embora concentrando-se em seus novos códigos de autoconfiança.

Lembre-se, quanto mais sem alimento deixar essa besta, mais ela enfraquecerá até morrer.

Ao que você resiste, persiste. E o que aceitar, vai se retirar.

Reprogramando sua mente para a Suprema Confiança

"Sua mente é um jardim. Seus pensamentos são as sementes. Você pode flores cultivar ou ervas daninhas criar." – Ritu Ghatourey

Agora que você apagou os velhos e danosos programas de autoconfiança, é hora de instalar os códigos novos e apropriados. E como fazer? É sobre isso que este capítulo trata, parceiro!

AFIRMAÇÕES

Um dos maiores tenistas de todos os tempos, uma vez disse: *utilize isso ou perca isso*. Jimmy Connors talvez não tivesse consciência, mas aquelas palavras não se limitavam às habilidades para o jogo de tênis – são aplicáveis a praticamente todas as habilidades ou competências.

Quando se trata de pensamentos, pode-se compará-los a uma habilidade ou aos músculos. Usando a analogia dos músculos, vítimas de derrames – particularmente os que sofreram com os do tipo massivo – geralmente perdem a habilidade de mexer ou usar certos músculos, temporária ou permanentemente. Perda temporária do uso, frequentemente, é devido a não ser capaz de movimentá-los por um longo período de tempo. E por que essa inatividade pode prejudicá-los ainda mais? Porque causam a atrofia dos músculos. Quando um músculo atrofia, não é só a massa muscular que é reduzida. A habilidade de uso e a força também diminuem.

Com a mente acontece a mesma coisa. Se não a usarmos com frequência, ela também atrofiará. Sua agilidade mental e habilidade de controlar seus pensamentos e moldar suas atitudes diminuirão, tornando-o mais suscetível aos efeitos de fatores externos. Em outras palavras, você se torna cada vez menos poderoso para guiar a sua vida, incluindo a habilidade de confiar em si mesmo.

Afirmações positivas, ou monólogo positivo(interior), como pode ser mais conhecido, é a melhor maneira de exercitar seu músculo mental de forma a fortalecer a autoconfiança. É o melhor modo de reprogramar sua mente subconsciente para que escolha novos e melhores alvos: um eu genuinamente autoconfiante. É usar ou perder, irmão!

Como é o uso de afirmações positivas na vida real, no dia a dia? O primeiro passo é pegar um pedaço de papel, de preferência uma folha A4 e dobrá-la em 2 no sentido longitudinal. Escreva no lado esquerdo todas as suas atitudes mentais equivocadas em relação a ser verdadeiramente autoconfiante e, enquanto faz isso, não se limite ao que eu escrevi anteriormente - sinta-se livre para adicionar tudo o que sente que o mantém longe da meta de se transformar em alguém confiante.

Ao terminar, escreva no lado direito todas as novas posturas mentais ou os atualizados códigos de programação que você quer colocar no lugar dos antigos e ultrapassados. Terminou? Agora rasque a folha ao meio (no sentido do comprimento) e destrua o lado que contém a velharia ultrapassada que atrasa a sua vida. Faça quantas cópias quiser da lista restante e as distribua por todos os cômodos de sua casa, assim sempre poderá ler em voz alta toda vez que estiver conversando consigo mesmo (seus monólogos interiores, lembra?). Pode não parecer muito em termos de ajudar a marcar pontos com as pessoas que te interessam, mas acredite em mim, vai ajudar e muito você a começar a construir a autoconfiança. Quando estiver mais autoconfiante, sua linguagem corporal de alto nível se tornará natural e suave.

E quando você tiver alcançado o ponto onde já conseguiu instalar todos os códigos e programas atualizados sobre a autoconfiança em sua mente subconsciente? Significa que poderá parar de conversar consigo mesmo? Faço questão de enfatizar que esse é um pensamento horroroso, amigão! Por quê? Porque é melhor pecar pelo excesso. Ao continuar com a prática, você fortalecerá as novas atitudes mentais que já implementou e minimizará o risco de que influências externas indesejadas venham tentar se estabelecer e abalar as suas conquistas. Lembre-se, rebeliões bem-sucedidas sempre começam pequenas e na surdina. Não dê espaço para o inimigo se apoderar de sua mente, meu amigo!

AINDA NA COMPANHIA DOS ALFAS.

Surpresa, surpresa! Eis que voltamos ao assunto. Como antes mencionado de forma indireta sobre apagar programas mentais ultrapassados sobre autoconfiança, acompanhar o tipo de pessoa que você admira – os confiantes alfas – também ajuda você a atualizar e implementar de maneira mais efetiva os seus novos códigos de confiança.
É como pegar um bronzeado. Não é necessário fazer muito esforço – simplesmente exponha-se ao sol. Nesse caso, exponha-se à grandiosidade

contagiante da autoconfiança das pessoas alfas.

Há um velho ditado: *mais é aprendido do que foi ensinado*. Significa que aprende-se muito pela observação e prática, mais até do que estudando. Ao desfrutar da companhia dos alfas, você eventualmente será sensibilizado pela autoconfiança deles sem nem fazer muito esforço, e uma linguagem corporal de alto nível saíra de forma mais natural de sua pessoa e, tenha certeza que isso será notado por quem você arrasta um bonde, *brother*! Vou repetir isso muitas e muitas vezes, pois esse fator é realmente fundamental para o seu sucesso futuro na vida.

JUST DO IT (ou, Simplesmente faça isso!)

Lembra do que falei sobre a espiral Confiança-Realização-Confiança? Praticar ou vivenciar seus novos programas ou atitudes mentais é a melhor forma de fixá-las em sua mente subconsciente. Ainda consigo lembrar da primeira vez em que apliquei a técnica para obter o número de telefone de uma mulher. Inconscientemente, talvez não acreditasse totalmente naquilo. Somente usei a parte consciente de minha mente para a tentativa. A minha primeira vez usando aquela técnica foi um sucesso. Consegui o número, o que para mim foi um feito tão grandioso como as vitórias nas 1ª e 2ª guerras mundiais! Aquela experiência ajudou a convencer meu subconsciente que eu tinha instalado programas valiosos em meu computador mental. Ao agir com segurança por meio de uma aplicação aprendida, fui capaz de conquistar pequenos sucessos que auxiliaram a construir minha autoconfiança, permitindo ações cada vez maiores e ousadas em direção à experiências estrondosas e inesquecíveis, meu amigo!

Agora que construímos as fundações para a sua linguagem corporal de alto nível, deixemos que os jogos tenham início!

Os 10 Princípios da Linguagem Corporal de alto nível

Vou lhe apresentar diferentes posições e princípios de uma linguagem corporal de alto nível.
Antes de tudo, entenda que, como um homem de alto nível, sempre deverá zelar pelo seu próprio confortável, seja onde estiver. Não se trata de comportamento egoísta, pois todos a sua volta ficarão relaxados, sentindo-se bem e confortáveis da mesma forma.

Princípio #1: obtenha mais espaço.
Pessoas de condições menos favorecidas tendem a querer diminuir de tamanho, ficar invisível, posicionam-se de forma desconfortável. Não mandam a energia interna para o mundo ao redor, pois não se enxergam importantes: em suas mentes, sentem que não têm valor.
Fecham-se em si mesmas; tentam se esconder do alcance visual do mundo.
Você, por outro lado, pensará que sua energia é tão valiosa que deverá ser

compartilhada com todos, portanto deverá se abrir e ocupar mais espaço.

Estique suas pernas e braços: faça-se confortável!

E por que deve ser assim? Porque tímidos e inseguros estão mais preocupados com o quê as pessoas falarão. Estão muito receosos de "ofender" os outros ou de enfrentar comentários ruins sobre si; de pensarem que são insensíveis ou arrogantes, com mania de grandeza.

E se você prestou atenção, lembrará que esses são os 3 equívocos mais comuns que afastam a maioria dos homens de atingirem a plenitude da autoconfiança. Temos aqui uma doença poderosa chamada "pessoas boazinhas".

Confiantes, indivíduos alfas não estão preocupados com a opinião e comentários alheios, pois são seguros de si. Respeitam as opiniões e crenças dos outros e, sendo assim, também respeitam-se. São capazes de estabelecer uma linha tênue que separa respeito de "bancar o bonzinho".

Muitos acham que não é correto ocupar mais espaço do que o usual. Esse "ocupar", é um termo relativo, e não absoluto ou uma questão moral. Portanto, ocupe o espaço que desejar. Apenas não cruze a fronteira do que é ser um alfa sexy confiante e um detestável filho de uma chocadeira de bordel. Há uma enorme diferença.

Posicionar-se à mesa com as palmas das mãos apoiadas nela e os braços amplamente estendidos, um pouco inclinado para frente, é uma grande posição de força. Recostar-se e abrir os braços, cruzar as mãos atrás da cabeça, é outra digna de confiança. Sentar com as pernas estendidas e os braços abertos, também é para quem possui o dom da autoconfiança. Posicionar-se com as pernas levemente abertas além dos quadris, as mãos apoiadas abaixo da cintura e os braços para fora, tipo a clássica pose de poder do Super Homem.

Essas poses amplas, abertas e confiantes realmente provaram estimular a produção de testosterona tanto em machos quanto em fêmeas. A testosterona ajuda a reduzir o cortisol e a aumentar a produção da serotonina – o "hormônio da felicidade". E dá um enorme impulso na sensação de confiança.

Experimentos foram feitos com pessoas praticando essas posições de força por dois minutos antes de submeterem-se à entrevista de emprego (sem que soubessem ser apenas encenação). A outro grupo foi solicitado que mantivesse poses fechadas, inseguras, por dois minutos antes da mesma entrevista.

Observou-se nos resultados da entrevista que o grupo que fez poses de insegurança, onde nenhum dos candidatos eram menos qualificados para o emprego, os componentes foram avaliados como sendo mais calados, sem espontaneidade ou de maneiras não tão atraentes.

Os indivíduos que performaram poses de energia e poder por dois minutos foram considerados engajados, confiantes, agradáveis para um bate-papo, bem como interessantes e atraentes o suficiente para receberem convites de novas entrevistas de emprego.

Então, quando pensar em como está se comportando, utilize a consciência corporal que desenvolveu e questione-se: "Nesse exato momento, estou fechado ou aberto?"

Saberá a resposta: tome uma atitude e posicione seu corpo o mais aberto que puder.

Princípio #2: Mostre as virilhas.

Homens dominantes que atraem, seduzem e ... muitas garotas, não têm o menor problema em exibir a sensualidade ao mundo.

Então, não fique com medo de atrair a atenção para a região da virilha quando estiver sentado. Abras as pernas, talvez até aproximar a mão dessa região para, subconscientemente, chamar a atenção; portar um cinto de respeito tem um grande valor nesse quesito.

Você tem ou não orgulho de quem é?

Tem ou não orgulho de seu corpo e da incrível energia sexual atrativa que ele emana?

Sempre mostre seu orgulho: seja um HOMEM, tenha orgulho de seu sexo.

Esse é George Clooney. Como pode ver, ele sabe como ninguém mostrar a região apropriada.

Agora, não tire conclusões erradas aqui. Há uma diferença entre atiçar e ser como o Ado, o Tarado.

Provocar, atiçar, é ser sexualmente confiante. Ado, o tarado não é assim. Não use calças tão apertadas que marcam até as suas bolas. Isso é mais um sintoma de exibicionismo maníaco do que a suavidade e confiança do George Clooney. Perceba que ele não deixa a masculinidade arrochada, pois usa calças elegantes e confortáveis.

Outra coisa que o deixará mais parecido com Ado, o tarado, do que com o George, será apontar para o bilau, olhar para a gata e deixar escapar aquele sorrisinho diabólico entre gemidos. Novamente, vai ficar mais parecido com um estuprador maluco do que com qualquer outra coisa.

E, claro, não precisa ter o "documento" do tamanho de um pé de mesa ou de um jumento de filme pornô para ter confiança em expor a região da virilha. Lembre-se, autoconfiança! Um pau grande significa pouco se a confiança for tamanho dedo mindinho.

Pergunte a Napoleão Bonaparte.

Princípio #3: desacelere seus movimentos.

Mais devagar!

Pessoas de nível inferior mexem-se com pressa e agitação, não estão confortáveis, não acreditam em si mesmas.

De agora em diante, corte a quantidade de gestos pela metade.

Ao caminhar, quando virar a cabeça para os lados, sempre que se movimentar, faça-o devagar, leve cerca da metade do tempo atual a mais para fazer a mesma coisa.

Qual a razão para fazer isso? Grande parte de ser confiante é saber que você está agindo segundo seus próprios termos: no seu tempo, do seu jeito, por sua vontade.

Como você age normalmente quando não está sob pressão e tem todo o tempo do mundo? É assim mesmo – você não vai tirar o pai da forca! Tome o tempo que precisar. Esteja relaxado.

Quando você não está no controle, adivinhe – alguém ou alguma coisa está!

Quando isso acontece, você não dá as cartas e, geralmente, tem que se apressar pois está dançando conforme a música dos outros. Quase sempre não tem o tempo que gostaria para terminar suas tarefas ou responsabilidades. E, não tendo muito controle sobre sua vida, sua confiança escorre pelo ralo. E estar sempre na correria emana vibrações que reforçam essa falta de controle. Claro que isso não é nada sensual ou confiante.

Outro razão pela qual os confiantes alfas movem-se com calma, ao contrário dos homens ômega, é porque são muito competentes, seja na cama ou em outras áreas. Ao determinarem o próprio tempo, mostram que possuem a habilidade de fazer bem as coisas e no prazo devido – novamente, uma questão de controle.

A primeira razão para desacelerar tem a ver com mostrar autocontrole, a outra é exibir autoridade sobre os demais, sejam pessoas ou circunstâncias, conforme os resultados apresentem-se.

Além do mais, fala e movimentos intencionalmente mais lentos dão a você mais tempo para pensar sobre as ações e palavras exatas que deseja externar. Quanto mais preciso e conciso na forma de agir e falar, mais firme você parecerá aos olhos dos outros. Também sentirá mais confiança em si mesmo, em suas crenças e intenções.

Desacelerar sua fala e movimentos também ajuda a se manter conectado com seus verdadeiros desejos e, dessa forma, conseguirá externá-los para que sejam compartilhados com quem quiser.

Como diz o ditado, *"Pense rápido, fale devagar"*.

Então, desacelere!

Princípio #4: seja não-reativo.

Não reaja a algo fora de sua realidade. Quando estiver conversando com uma garota e escutar uma sirene, ou outro barulho, não desvie a cabeça para olhar. Mantenha-se focado nela. Isso fará com que a gata sinta o seu poder dominante. Ela não olhará para a fonte do barulho, ficará atenta a você, presa por seu comportamento de alto nível.

Geralmente, ser reativo em certas situações pode levar a problemas ou complicações.

Por outro lado, manter-se responsivo significa ater-se solidamente ao seu senso de convicções e autoconfiança. Você talvez sinta emoções borbulhando em seu âmago devido a certas situações, mas deixe que elas passem sem que venham à tona, ou aprenda a canalizá-las de outra forma que não afete o modo como é visto pelo mundo exterior.

Ao ser responsivo, ganhará tempo para responder apropriadamente e com toda a força da mente às situações ou estímulos. Desenvolverá a habilidade para lidar com situações de forma mais tranquila, no comando, e com senso de humor.

Ficará mais ciente de seus movimentos nervosos e poderá corrigi-los: talvez enquanto estiver conversando, tocará a mão dela, ou mexerá os pés em sinal de ansiedade.

Pare de fazer isso. Permaneça imóvel e relaxado.

Com todo o respeito às mulheres, ser muito reativo é um tanto o quanto feminino. Nada revela tanto uma personalidade "afeminada" quanto ser reativo. E por que ser reativo é como gritar para uma mulher gostosa que você é mais feminino do que ela?

Quero que pense em uma época de sua vida em que quase tudo, se não tudo, acontecia conforme o planejado. Conseguiu? Como se sentiu? É bem provável que tenha sentido-se bem, pleno, calmo e em paz. Resumindo, sentiu-se realmente confiante. Quando uma ou duas bolas em curva cruzam o seu caminho, você está calmo o bastante para não reagir de forma inadequada. Então, reage com calma e de maneira refletida, pois sabe que no grande esquema das coisas, você está no controle de sua vida e que uma ou duas pancadas inesperadas não alteram nada.

Agora quero que se lembre de uma época em que as coisas todas, ou a maior parte delas, não aconteciam do jeito que você desejava. Como se sentiu? Entre muitas outras coisas, aposto que pensou não ter controle sobre a vida e a situação, e isso te deixou bastante nervoso.

Ser reativo às coisas e pessoas envia um sinal sutil de que você é altamente perturbável. Ser altamente perturbável significa que você sente não ter muito controle sobre sua vida, muito menos da situação pela qual está passando. E esse sentimento será fortemente transmitido às mulheres que lhe interessam, e obviamente elas darão um jeito de escapar, deixando você tão celibatário quanto o papa.

Tente não ser reativo. Se ainda não tem essa confiança, não se preocupe. Você pode controlar seus impulsos e se fizer isso por um bom tempo, será capaz de reprogramar seu subconsciente para não ser mais reativo, o que irá capacitá-lo a agir com mais naturalidade nesse modo por todo o tempo.

Princípio #5: Recline-se.
Aprenda a fazer isso durante todo o tempo.
Lembre-se que inclinar-se é realmente comportamento para os de baixo nível.
Aprenda a fazer as pessoas, especialmente as garotas, a sentirem a necessidade inconsciente de inclinarem-se em sua direção, simplesmente se reclinando.
Esse pequeno truque mudará toda a dinâmica de suas conversações, dando-lhe o poder de quem é O CARA.
Também significa que, ao andar, ou apenas parado, mantenha os ombros erguidos e o queixo levantado. Lembre-se daquela postura masculina de força e poder saudável.

Olhe para essa figura: quem é percebido como a pessoa de mais alto gabarito aqui?
Berlusconi está relaxado, está reclinado e com as pernas cruzadas.
Obama apresenta-se inclinado para a frente, as mãos e as pernas fechadas.
A resposta não podia ser mais clara, concorda? Dessa vez, o italiano venceu.

Pense desse jeito, inclinar-se ora para frente, ora para trás, transmite dois sentimentos opostos. Para frente é um sinal de interesse - talvez até demais.

Quando se está muito interessado nos demais, sinalizamos não nos acharmos suficientemente interessantes, que somos mais seguidores do que líderes ou, como nessa imagem, concorda-se que os outros sejam superiores.

Para trás manda diferentes mensagens sobre como você se sente sobre si mesmo e sobre outras pessoas. Uma delas é que você está, é claro, confiante. Por quê? Porque mostra que está relaxado e, acredite em mim, somente quem está relaxado de verdade pode se dar ao luxo de se reclinar e permanecer assim por um bom tempo.

Quem não está confiante acha logo que ficar assim é muito estranho e, após alguns minutos, um ou dois, volta para a postura de baixo nível típica de um homem ômega.

Em segundo lugar, reclinar-se demonstra que você não está muito interessado na pessoa em quem está de olho. Acredite ou não, isso pode ser um grande desafio para aquela mulher nota mil acostumada a ser perseguida, caçada e servida pelos homens do tipo ômega.

Elas se habituaram a controlar os homens e quando percebem que você não está muito interessado em interagir nos termos delas, sentem lá no fundo que encontraram alguém diferente dos homens comuns – você é um alfa! E quando isso acontece, consideram deixar a porta da frente das calcinhas abertas para você!

Por último, reclinar-se diz ao mundo que você acredita sinceramente que é merecedor de ser seguido - que todos deveriam segui-lo. Isso diz muito sobre o seu nível de confiança e habilidade de se controlar e dominar a situação.

Posto isso, recline-se, relaxe e aproveite.

Se estiver conversando com uma garota em um lugar barulhento, então incline-se devagar na direção dela, sussurre as palavras no ouvido da presa e, em seguida, recline-se de volta. Isso fará com que ela se incline para sussurrar em seus ouvidos: assim é que um homem de alto nível se comunica em lugares barulhentos, sem permanecer inclinado o tempo todo como garotos inferiores.

Princípio #6: recline-se perante as coisas sempre que puder.

Já teve a chance de ver uma foto de James Dean?

Quando você está conversando perto de uma parede, recline-se contra ela. Assim como James Dean costumava fazer – e não se esqueça de realçar a região da virilha.

Ter uma parede na sua retaguarda, deixando a sala na sua frente, é uma posição que sinaliza alto nível. Você está no controle da situação à frente e, subconscientemente, será reconhecido como o líder do grupo.

Recostar-se contra a parede manda a mensagem de relaxamento, calma e serenidade. Implicando que as coisas estão acontecendo de acordo com os seus planos e que você está no controle da situação. E você já sabe o que isso quer dizer, cachorrão. Se não sabe, aqui vai: sem nem usar palavras, está dizendo à mulher que o controle é seu, que ela não pode mandar em nada e que terá que dançar conforme a sua música.

Marcando na mente da gata que você não é um mortal comum, mas sim um macho diferente de todos os outros carinhas que esvoaçam ao redor dela, implorando por um pouco de atenção. E que ela deveria abrir a porta da frente das calças mais tarde.

Princípio #7: um contato visual marcante.

Um macho de alto nível exercerá um poderoso contato visual quando falar com uma garota, mas diminuirá esse contato quando ela falar com ele.

Isso fará com que ela tente recuperar a sua atenção e aprovação.

Chamamos de Regra 90/60. Caso deseje conhecer mais dessa poderosa técnica de atração, consulte meu outro livro "Treinamento em contato visual".

Poderá encontrar essa obra aqui: Esse truque simples, subconscientemente transmitirá mais alto nível em questão de segundos. Mas como é isso?

Costuma-se dizer que existem apenas dois tipos de pessoas que não conseguem olhar nos olhos dos outros: quem está mentindo e quem está tentando esconder um amor ou atração. Embora o último possa parecer "adorável", não é sexy. De fato, nenhum deles é sexy, pois esconder algo significa medo e falta de confiança. E isso, meu amigo, não é sexy de maneira alguma.

Lembra quando era criança e fazia alguma coisa que tirava o seu pessoal do sério? Quando você tentava esconder aquilo, era capaz de falar normalmente com eles enquanto os encarava? Duvido que a resposta seja "sim". Agora percebeu como o contato visual transmite nível elevado – ou a falta dele – em pouco tempo?

Então faça um favor a você mesmo e da próxima vez que conversar, especialmente com mulheres atraentes, estabeleça um forte contato visual: deixa que saibam quem está no controle da situação!

Princípio #8: sem riso falso.
Imagine um grupo de empregados sentados à mesa com o chefe. O "mandachuva" faz uma piada sem graça, mas sendo reconhecido por todos como a pessoa de mais alto nível, sentem-se OBRIGADOS a rir.

Tenha em mente que você deveria rir quando está com amigos, é claro!

A regra que apresento aqui é esta: se acha que algo é realmente engraçado, então ria pra cacete; mas se alguma coisa não tiver graça, NÃO RIA SEM VONTADE.

Riso fingido não é algo que seja difícil de descobrir como, digamos, o resultado de uma equação de cálculo diferencial. Ao contrário, é mais fácil do que descobrir se Jennifer Lopez está usando calcinha por debaixo dos vestidos usados nas noites das principais premiações do *showbiz*. *Ye, Ye, Boy*, fácil assim!

Mas não é sobre a facilidade com que as pessoas podem adivinhar, ou não, que importa aqui - e sim o que isso revela a seu respeito. Forçar o riso é um dos maiores sinais do tipo "Eu estou certificado, licenciado e carimbado como uma pessoa boazinha" que você pode colar na própria testa.

Simplesmente mostra que está ansioso para agradar ou evitar ofender as pessoas, e não desejando ser quem é - é como se o seu "eu real" não fosse admirável ou aceitável. E quando as mulheres captam isso, é hora de dizer alô ao juramento de celibatário!

Daqui em diante, expulse da sua vida todos os risos e sorrisos forçados.

Elimine-os totalmente.

Princípio #9: apresentação bem animada.

Mexa as mãos! Não tenha medo de usar os braços e as expressões faciais para colorir e expressar seus sentimentos enquanto estiver falando.

Fique confortável compartilhando emoções com o mundo.

Mantenha tudo suave e controlado, não exagere ou faça muita força.

Ou não parecerá natural e de alto nível.

Por que isso sinaliza gestos de alto padrão? Por que, oh! por que, Clementina?

Considere a última vez em que esteve muito envolvido com alguma coisa ou alguém. Como se sentia nessa época? Tenho certeza que sentia-se fortemente envolvido positivamente nessa situação. Sua empolgação ou atração pela coisa ou pessoa estava muito clara para seus amigos ou familiares que, sem dúvida, sabiam que tudo era de verdade. Sentiam a sua paixão quando o escutavam falar sobre o assunto.

Mulheres - e homens também – acham que a paixão é a qualidade pessoal mais atraente e sexy. Por quê? Porque estar apaixonado por algo ou alguém mostra que você não se importa com o que as pessoas possam pensar a seu respeito. Pessoas que estão apaixonadas pela música não ligam se os demais as acham pobres – amam música e como os outros não podem sentir isso, apontam as armas!

E o que esse sentimento de pouco ligar para a opinião alheia transmite? Isso mesmo, gafanhoto – confiança! Paixão é igual à confiança forte no que se está

fazendo e em quem se é. E essa confiança é de uma sensualidade de altíssimo nível.
Princípio #10: mantenha a tensão.
Fique bem ao piscar menos. Penetre na alma de uma garota somente olhando bem dentro dos olhos dela.
Um contato visual poderoso cria tensão. Quando há tensão em uma situação, a pessoa que estiver mais confortável é a de maior nível - SEMPRE!
Tensão, na quantidade e qualidade corretas, é uma jogada de mestre para atrair as garotas, deixando-as de calças arriadas pois gera muita empolgação. Mas de que vale essa empolgação se o que você quer é ir bem mais fundo nessa relação, digamos, entrar por debaixo das roupas dela?
Considere o fato de que essa gata maravilhosa está acostumada ao papel de "mandachuva" na relação com os homens. Os carinhas voam em torno dela como moscas atraídas pela lâmpada, e como a maioria deles não têm a mínima ideia de como trabalhar para atraí-la, tendem a se exibir dando presentes, carinho, fazendo

favores e o que mais ela demandar. Em outras palavras, quase todos tentam conquistá-la mimando e estragando a mulher dos sonhos – assegurando que cada desejo e capricho da deusa sejam atendidos.

E aí temos um grande problema – ter coisas boas em excesso e de forma muito fácil o tempo todo leva ao tédio ou a coisa pior: ao desprezo. Tédio porque tudo se torna por demais previsível; desprezo em razão de se estar apenas aumentando o tédio dela e a irritação com todos os homens. Ao tentar sempre agradá-la, você não se diferencia dos demais garotinhos ômega que a cercam e caçam desde que a pantera despontou na selva.

Gerar o tipo e a quantidade correta de tensão, entretanto, fará com que você se destaque de duas maneiras.

Primeira, você será o diferente. A deixará desconfortável, que é uma sensação há muito não experimentada por ela.

Segunda, fará com que ela tente adivinhar o que acontecerá em seguida. Tensão é frequentemente devida a incerteza do que acontecerá em seguida. Ao ser diferente e imprevisível, você criará empolgação na gata. E a empolgação sempre triunfará sobre o tédio.

Essa sensação nova a deixará revigorada, especialmente se nenhum outro homem a faz se sentir assim há um bom tempo. Ela ficará tipo "Esse olhar é muito desconcertante. Ele se sente atraído por mim ou é só o jeito dele com todas? A maioria dos homens não me olha desse jeito; deve ser mesmo atração por mim. Mas também pode ser que ele sinta o mesmo por todas as outras mulheres com quem conversa. Qual é a jogada. Droga...Não sei como agir a respeito disso...só sei que me atrai muito!"

E isso, meu caro amigo, é porque criar tensão constitui-se numa técnica de alto nível que você deveria incluir no arsenal de sua linguagem corporal superior.

E também justifica o fato de que dediquei um livro inteiro à técnica de aprimorar o contato visual.

Mais uma vez, se quiser saber mais sobre o assunto, pode navegar para o endereço a seguir: *http://amzn.to/1MtxaiN*
Fique confortável com a tensão e trate de piscar menos. Sustente a tensão usando tanto os olhos como o seu corpo: lembre-se de se movimentar mais devagar, não acelere seus movimentos.
Vamos fazer uma rápida recapitulação.
Observe essa imagem e constate a presença dos princípios nas duas diferentes linguagens corporais mostradas.

Ei! Não tenho interesses políticos aqui.
Somente desejo que se transforme num mestre da linguagem corporal.
Bem, quem nessa imagem é percebido como o sujeito de maior status pessoal?
Você deve concordar que é Vladimir Putin.
Olha para esses pés: estão bem plantados, firmes e no comando. Ele exibe orgulhoso a virilha, suas pernas estão abertas e os ombros reclinados, amplos e relaxados.

Por outro lado, observe Obama.
Os pés não estão bem apoiados, estão meio indecisos e fracos, pois sustentam-se sobre os dedos. As pernas não estão abertas, a região da virilha meio escondida. Seus ombros não estão relaxados: apresentam-se meio que fechados e inclinados para a frente. Até os lábios ele está escondendo!
Em apenas uma imagem, você encontra os resultados da aplicação de tantos princípios e características.
Olha mais uma vez e a guarde no subconsciente: ela será útil nas suas interações sociais!

Dicas e truques para uma Linguagem Corporal Dominante

Existem alguns pequenos truques que você pode implementar em seu comportamento diário e que aumentarão o seu poder nas conversações, principalmente com as mulheres.

Truque #1: seja sempre o primeiro a sair da conversa.

Quando estiver conversando com uma garota, não espere ela terminar com a conversa: o primeiro a sair é geralmente percebido como o de maior status. Por que isso ocorre, camaradinha?

A regra mais geral da polidez, ou seja, a maneira mais educada de terminar uma conversa é esperar que os outros façam isso, por exemplo, por causa de um compromisso do seu interlocutor, ou devido às circunstâncias, como um incêndio, terremoto, etc.

Não há nada de errado em ser educado ou uma pessoa agradável, na maior parte das vezes. Mas se você estiver tentando atrair e seduzir alguém, a conta é outra e tudo muda de figura.

As mulheres são atraídas, e muito, por homens que sabem manter o autocontrole, dominam uma situação e as próprias mulheres. Ao tentar bancar o bonzinho, você mostra que não está no comando, que não é autoconfiante, que precisa da aprovação dos outros. E esperar que seu interlocutor termine a conversa é uma forma dos bonzinhos agradarem aos outros; isso sinaliza às mulheres que nem nas pequenas coisas, como um simples bate-papo, você é o dono da situação.

Por isso, interromper uma conversa antes dos demais é um imenso sinal de status, amigão. Sutilmente, mas de forma efetiva, você sinaliza ao interlocutor que o controle da bagaça está nas suas mãos. E de ninguém mais, pois você precisa seguir o seu caminho e que tem coisas mais importantes a realizar!

Sugiro que assista pelo menos ao primeiro episódio da primeira temporada da série de tv "*Suits*" (Homens de Ternos). Observe como não-reativo e dominante é o fodão Harvey Specter. Repare bem de perto como ele sempre é o primeiro a encerrar uma conversa, até mesmo deixando o interlocutor no vácuo, que é claro, encantado, nem revida a esse imenso nível de fodismo.

Há outro modo mais simples de sinalizar que quer abandonar a conversa: se desejar dar a ela a SENSAÇÃO de que pode desaparecer a qualquer momento, utilize o truque do pé.

A direção em que apontam os seus pés indica onde está o seu maior interesse.

Assim, se ambos estiverem apontados diretamente para a garota com a qual está falando, é sinal claro do seu interesse em continuar a conversa.

Para fazer com que ela se empenhe mais em atrair a sua atenção, tente virar os pés para outra direção.

É muito subconsciente, mas ela notará você como mais valioso e começará a se empenhar em obter a sua atenção.

Tente isso e me agradeça mais tarde, garotão.

Truque #2: alto nível também quando estiver sentado.

Se quer uma posição poderosa ao sentar-se, então tente isso: pernas cruzadas, virilhas em evidência, braços ocupando espaço no encosto do assento.

Outra posição é: pernas espaçadas, virilhas à vista chamando atenção para a região, e braços ocupando um bom espaço.

O princípio chave é: Onde estiver, fique confortável em primeiro lugar e ocupe o seu espaço pessoal.

Se não houver conforto no local, faça-se confortável o mais que puder nessa situação e então, quanto tiver oportunidade, imediatamente ocupe o espaço de que precisa. Não vacile!

Caso tenha se distraído antes, cabeça de vento, ocupar mais espaço é um jeito de enviar uma mensagem sutil para todos dizendo que estão diante de alguém confiante, no controle e no comando. Esse é o princípio por trás de uma posição de alto nível quando se está sentado. A posição, posturas e gestos que mencionei estão todos relacionados a sinalizar por meio do espaço pessoal.

Demandar espaço é o único jeito de mostrar superioridade e supremacia, não ser um fanfarrão à la China, que ocupa espaço apesar dos legítimos protestos diplomáticos de muitas nações mais frágeis. Lembre-se, superioridade genuína e supremacia não é o mesmo que fazer bullying com as pessoas. Tenha isso em mente.

E certifique-se de que a cadeira onde for sentar seja robusta e estável o bastante para aguentar o seu peso enquanto executa os truques. Se cair de bunda, lá se vai sua áurea de confiança, supremacia e superioridade. Senhoras e senhores, o alto nível acabou de abandonar o recinto - e saiu correndo!

Truque #3: tenha confiança em seus polegares.

Todo grande líder sabe que seus polegares são os dedos mais confiáveis.

Mãos nos bolsos, foco nos polegares: você tanto pode optar por polegares para fora e dedos para dentro, ou, polegares encolhidos e dedos para fora. Ambas as posições sinalizam status superior.

JAMAIS as mãos completamente mergulhadas nos bolsos: isso é coisa de nível inferior.

Truque #4: braços cruzados.

Isso não é necessariamente uma coisa ruim: se estiver conversando com uma garota e ela quiser ganhar a sua atenção e aprovação, então permita-se ficar ereto, poderoso, queixo erguido e braços cruzados.

Essa postura diz: "Ok, você é engraçadinha! Tente ganhar minha atenção, mostre-me o que sabe fazer".

Normalmente, uma postura com os braços cruzados não é desejável quando se trata de comunicação interpessoal geral. Mas se está tentando seduzir uma mulher e quer que ela tire a roupa, você precisará desviar das tentativas e rotas seguras das habilidades da comunicação interpessoal geral. Na verdade, terá que fazer muitas coisas que contrariam os princípios dessa comunicação geral que prega cortesia e amabilidade; e então, conseguir criar a tensão necessária ao acionamento dos botões da atração nas mulheres.

Pense da seguinte forma – mulheres gostosas e lindas geralmente estão superexpostas à bajulação e cortesias dos educados machos do tipo ômega. São grandes as chances de que elas estejam à procura de mais vibração com os homens que as cercam. Se quiser se destacar dessa multidão de fofinhos ômega que normalmente cruzam os caminhos das beldades, precisará criar empolgação e, como já lhe ensinei, tensão é o único jeito de fazer isso.

Porque braços cruzados geralmente são tidos como incompatíveis com sociabilidade e pessoas agradáveis durante conversas, agir assim enquanto bate um plá com a sua deusa poderá deixá-la um tanto desconfortável – criando certa tensão. Mas é uma tensão do bem, do tipo que não desrespeita a moça, mas, ao mesmo tempo, diz: você não é a "mandachuva" aqui. É essa tensão que fará com que ela se pergunte "Ele simplesmente não tem traquejos sociais ou será que não está nem aí para o que eu penso dele? É irritante...mas acho que gosto disso. Diacho...por que estou me sentindo assim? Estou confusa...e excitada! Ele é diferente de todos os outros."

E por isso, seu fodão, que cruzar os braços é uma técnica de atração de alto gabarito!

Truque #5: gerenciando críticas.
Se você reivindica seu alto nível e começa a externar uma poderosa e dominante linguagem corporal, algumas pessoas vão ficar com ciúmes.
Não se preocupe: elas estarão, somente, projetando as próprias inseguranças e medos sobre você. Não brique por isso, aceite e prossiga no seu alto nível.
Ignore a mediocridade alheia.
Agir assim é um grande construtor de atração, pois mostra segurança consigo mesmo e que as críticas não te afetam. Lembra o quanto ser não-reativo é uma técnica de alto nível que atrai mulheres por deixar claro como é a sua autoconfiança, suas habilidades, e depõe a seu favor? Esse é o princípio mais importante aqui.
Ao não combater seus críticos, você essencialmente está dizendo que é tão autoconfiante que nenhuma das críticas merecem desperdícios de tempo e atenção – e que existem coisas mais importantes na sua agenda pessoal. Ao aceitá-las sem nenhuma admissão de

culpa ou negação, sinaliza ainda mais força autoconfiante: que respeita as opiniões contrárias e que é muito seguro para agir dessa forma.

Isso sim é que eu chamo de classe. E classe, diretor, é uma puta demonstração de alto nível!

Truque #6: não tenha medo de reivindicar o seu alto nível.

Se está com medo de fazer isso, elimine essa parte de você da sua vida. O medo pode ser um agente muito sutil, mas não menospreze esse poder de sabotagem aos seus esforços, pois ele vai comendo pelas beiradas, lentamente como os cupins destroem as fundações de madeira das casas. Com o passar do tempo, se não tomar providências, causará o desabamento dos seus esforços na construção de um alto nível de comportamento.

Não se atreva a esquecer isso.

Todos querem que VOCÊ atinja um status elevado.

Sempre quiseram, mesmo que nunca tenham dito claramente.

Isso faz com que todos ao seu redor se sintam melhor e mais descolados.

Do mesmo modo que você gosta de andar com pessoas poderosas e admiradas, seus amigos querem o mesmo.

Desejam que VOCÊ seja de alto nível: talvez após umas semanas, quando aceitarem sua mudança, é certo que tomarão consciência disso.

O treinamento da Linguagem Corporal

Agora que já sabe sobre os princípios chaves de uma linguagem corporal poderosa, é hora de treinamento.

Seu objetivo é exibir permanentemente uma linguagem corporal dominante sem ter que pensar a respeito disso.

Então, o modo #1 é a prática constante, o tempo todo.

Esteja onde estiver, talvez no trabalho, na academia, em casa, fique atento ao modo como senta, ou como costuma ficar quando está de pé. Em duas ou três semanas isso acabará se tornando natural, mas tem que começar pelo estado de constante atenção.

Vou mandar a verdade para você: no início não vai ser nada fácil, muito menos natural. Lembre-se, se ainda estiver lendo esse livro, significa que não chegou lá, não ainda! Você não está dominando a arte de mestre em linguagem corporal e ainda precisa satisfazer sua sonhada vida sexual, não é? Foi o que pensei. Para isso, vai ser preciso muito esforço, planejamento e disciplina.

Considere um imóvel novo em folha localizado num local que você realmente ama. É lá que você daria tudo para morar, não importando os custos. O lugar ideal para construir a casa dos seus sonhos. O único porém é que já existe uma construção ocupando o terreno. O que um sujeito como você tem que fazer?

De cara, terá que demolir a estrutura velha, e isso leva tempo e dedicação. Claro, você poderia plantar alguns explosivos do tipo C4 e explodir a bagaça toda. Só que tem alguns problemas com essa abordagem "milagrosa".

Primeiro, vai te colocar num baita problema com a lei. É ilegal, zé arruela!

Segundo, assumindo que fosse permitido fazer isso, simplesmente explodir a estrutura não deixaria o local adequado para erguer a sua tão sonhada casinha. Precisará remover com precisão todos os detritos e as velhas fundações de forma a deixar o local perfeito para uma nova construção. Isso leva tempo, esforço e ação planejada – igual à nossa prática de treinamento em linguagem corporal.

Conforme as coisas que aprendeu aqui, o primeiro passo é demolir a velha "estrutura" dentro da sua cabeça, que nada mais é do que o comportamento subconsciente. E para isso, terá que prestar atenção como interage com as pessoas ao redor, especialmente as gatas atraentes, dentro dos primeiros dias, ou semanas provavelmente. Ao continuar utilizando conscientemente os princípios, verá que a estrutura foi, eventualmente, demolida, e que você já iniciou a colocação das novas fundações e, em breve, agirá de acordo com elas de uma forma natural.

Parte da demolição consciente e da reconstrução são autocorretivas. Isso só funcionará se você colocar esforços para ficar plenamente consciente sobre a prática dos princípios. Autocorreção constante: caso se apanhe sentado numa posição inadequada para alguém de alto nível, apenas reconheça o fato e trate de se autocorrigir.

Conserte a postura e retorne ao caminho da dominância.

Modo #2: escolha um dos dez princípios e o pratique diariamente.

A cada dia escolha um princípio e mantenha-o em foco: descobrirá que cada um, aos poucos, se tornará natural e automático.

Assim, por exemplo, comece concentrando-se em ocupar mais o seu espaço pessoal. O primeiro dia vai te exigir compartilhar sua energia com o mundo e praticar todas as posições relacionadas ao princípio em questão.

No dia seguinte, mantenha o foco em realçar sua região da virilha, amplie-a, exiba sua masculinidade ao mundo. E assim por diante, não deixando nenhum dos princípios sem atenção.

Sim, eu sei como é tentador simplesmente sair por aí praticando todos eles de uma só vez, meu amigo de fé, meu irmão camarada, mora. E como sei! Estou seguro de que após ler e aprender todos esses princípios, você está "superansiosamente excitado" (hmmm...o excitado talvez não tenha soado bem) em se tornar mestre em tudo o mais depressa possível, e começar a bancar o Dom Juan de sua geração...ou vizinhança.

Mas aí é que mora o perigo, meu caro zé do badalo agitado! Abraçar todos de uma vez comprometerá a sua habilidade em se tornar mestre e especialista em cada um deles. Em outras palavras, acabará se tornando um "Zé Arruela Faz-de-tudo um *pouquito*", mas não domina nada em profundidade. Pior, talvez até falhe em se tornar o Zé Arruela de algum dos 10 princípios. Isso seria vergonhoso, certo?

Você precisa ser como a luz que atravessa uma lente de aumento usada para queimar uma folha de papel ou iniciar uma fogueira. Um raio de luz sem foco, desses que iluminam todos os lugares, não tem força suficiente para abrir um buraco através do papel e provocar uma fogueira. Mas usando uma lente de vidro, seu hiperfoco direciona a luz de forma muito concentrada para um espaço minúsculo. Tanta concentração possibilita abrir um buraco naquele ponto e até começar um incêndio.

Consegue lembrar de como aprendeu a correr quando era criança? Não começou aprendendo a como ficar sentado? E a partir daí, aprendeu a engatinhar, a ficar de pé, a balançar apoiado em algum lugar, a andar e, por fim, correr? Por que não aprendeu tudo de uma só vez? Esse é o ponto, exatamente.

Portanto, faça o mesmo ao praticar os princípios que aprendeu aqui. Pegue um princípio de cada vez, e nada de pressa para passar ao próximo. Mantenha o foco, embora relaxado, e não tente forçar, porque agindo assim só dificultará o seu aprendizado rumo à perfeição. Não tente fazer mil coisas de uma só vez: foco em uma apenas até se tornar mestre no assunto.

Jeito #3: nunca deixe de estudar sobre a linguagem corporal; seja um eterno estudante.

Embora a linguagem corporal possa ser uma área relativamente estável em termos de estudos, pois existem apenas poucos gestos, posturas e maneirismos que podem ser usados para atrair e seduzir mulheres, não significa que você deva parar ao sentir que está se beneficiando do aprendizado.

O presente livro é apenas o início de sua longa vida de estágio no assunto Linguagem corporal de alto nível. E eu sou apenas um dos orientadores na busca do aperfeiçoamento das técnicas que levam aos mestres.

Após este, você pode adquirir outros livros sobre comunicação interpessoal (ou sexual) de forma a continuar no caminho do sucesso com as mulheres, aproveitando ao máximo o que a sua vida tem para oferecer. Também poderá adquirir meus outros livros sobre comunicação não-verbal e aprofundar o estudo, caso ainda não o tenha feito. Meu ponto é, considere isso como um processo de contínua evolução na vida.

Encontre seus mentores e siga-lhes os conselhos. Não os inveje, replique seus processos!

Pense em uma espada samurai, a *Katana*. São as armas mais precisas e afiadas na face da Terra e podem facilmente decapitar alguém. Mas apesar de toda essa precisão e durabilidade, você sabia que elas necessitam de manutenção regular das lâminas? Sim, senhor, precisam.

E com você não é diferente.

Não importa o quanto tenha se tornado afiado na arte da linguagem de alto nível, vez por outra terá que se dedicar às mesmas coisas maçantes para conseguir obter os mesmos resultados, e de novo, e de novo. Talvez não acredite em mim, mas em determinado ponto, estará em uma situação onde ficará entediado por viver praticando as mesmas coisas fáceis dia após dia. Ao continuar estudando sobre o assunto, não apenas diminuirá o tédio – mas será capaz de se aprimorar e tentar, como resultado, conquistar desafios bem mais ambiciosos; quem sabe, aquela mulher bem mais difícil.

Que tal isso como incentivo ao estudo continuado?

Estudar, assistir, perceber, observar, estar alerta sobre sua linguagem corporal e a dos outros ao seu redor. Note como uma linguagem corporal de alto nível exerce atração e força sobre as garotas, colegas de trabalho, chefes.

Não se deixe levar por coisas (como os comentários das pessoas) que distraiam você. Ao invés disso, ignore e siga em frente, olhe para o contexto: perceba como a boa linguagem corporal atrai as mulheres, ou uma promoção, e, por outro lado, a linguagem inferior afugenta, tanto mulheres como o êxito na carreira.

Aprenda com isso, aprimore-se e atinja o seu melhor.

Escolhe alguém como exemplo, alguém a quem veja pelo menos duas vezes por semana.

Pode ser um amigo, um colega do trabalho, alguém da academia de ginástica.

Uma pessoa que sempre te faz pensar algo do tipo "caramba, esse sujeito sempre se dá bem!".

Então, comece a usá-lo como modelo: veja como ele se comporta em certas situações e o que comunica com o corpo, tente replicar esse comportamento.

Quando você estiver com uma garota e não souber como agir, pergunte a si mesmo: como aquele cara (o seu modelo) estaria sentado exatamente agora? E como se posicionaria ao se levantar? Qual seria o SENTIMENTO dele?

O seu cérebro sairá em busca das respostas: você só precisa confiar nisso.

O estilo de caminhar em alto nível

A forma como se anda é incrivelmente comunicativa.
E revela muitas coisas sobre uma pessoa, sua vida, seu estado e, é claro, a condição de seu status.
Comunica com precisão o que você sente sobre si mesmo.
Seu andar determina a forma como as pessoas interpretarão as suas palavras e ações. Basicamente, elas verão o seu andar e se questionarão: "Qual o status dele, superior ou inferior?"
Obviamente, é bem melhor quando te avaliam como um sujeito de alto nível.
Imagine isso: dois caras falam as mesmas palavras. O que fala primeiro é um dominante, confiante, um indivíduo de alto nível; o último é tímido, fraco, de baixo nível. Eles falam: "Certo, vamos lá". O conteúdo é o mesmo, mas será percebido de duas maneiras completamente diferentes.
Lembre-se de que o contexto da interação é mais importante do que o conteúdo!

Você já deve ter notado que todo homem dominante na história tinha um andar poderoso.

Pense nos líderes políticos, ou atores como Brad Pitt, Marlon Brando, Ryan Gosling, ou personagens como James Bond: todos têm o PRÓPRIO andar de alto nível, que as mulheres acham sexualmente poderosos e imediatamente os reconhecem como os "fodões".

Todos andam de maneiras diferentes, mas há cinco características que podem ser facilmente reconhecidas em todos esses movimentos.

#1: eles andam erguidos e abertos, com a típica postura dos machos alfas.

Os ombros para trás, apertando os músculos entre as omoplatas. O queixo erguido, não estão olhando para baixo, mas diretamente para frente. O dorso é reto e neutro.

As mãos talvez estejam nos bolsos, mas os polegares para fora.

Já notou como James Bond entra em uma sala? Ou outra figura que você conheça pessoalmente? Não notou que algumas pessoas entram e imediatamente parecem "dominar" o local? Assim que entram atraem todos os olhares, mesmo não se tratando de uma celebridade. Há algo na forma como andam que emana masculinidade, confiança e sensualidade.

Porém, mais do que o andar, os gestos apropriados e a postura ajudam na habilidade de gritar "em silêncio": "Ei, debaixo dessa pele tem uma puta confiança que chega a doer", ou, "Eu sou o dono desse espaço, seus manés!"

Por isso que um caminhar de alto nível envolve outros gestos igualmente importantes, como manter os ombros para trás, queixo erguido e as costas neutras e eretas.

Ombros frouxos ou caídos para frente têm várias conotações negativas sobre você: depressão, tristeza, desesperança, timidez. Da mesma forma, faz crer que você não está no controle de sua vida, da situação e das oportunidades, e claro, nem das mulheres. Finalmente, isso sinaliza aos outros que você não tem autoconfiança e que é alguém manipulável pelas mulheres, como um cachorrinho fofinho de estimação.

Se o seu queixo aponta para os seus pés, como que avaliando os sapatos, a mensagem é que lá embaixo está o seu nível de confiança. Encarar o chão, como não tendo habilidade para o contato visual, é um sinal de sentimento de inferioridade perante os outros. Com certeza já notou que pessoas orgulhosas olham diretamente para frente, mas os tímidos mantêm a cabeça baixa? Também já percebeu que pessoas culpadas tendem a olhar para baixo? Assim, quando caminhar (ou mesmo parado), tenha em mente que se olhar sempre para baixo não apenas estará sujeito a um acidente, mas também sinalizará que você é alguém não atraente às mulheres, nem interessante ou empolgante.

#2: Eles sabem aonde estão indo.

Homens de alto nível possuem um objetivo claro em suas vidas, e controlam seus caminhos, fazem cada passo valer a pena.

Eles conhecem com precisão aonde estão indo, canalizam sua energia masculina positiva para empurrá-los adiante. O caminhar é direto, forte e sólido: transmitem a ideia de que não estão aqui a passeio.

Por que saber aonde ir é tão importante se você pretende ser considerado um macho de alto gabarito? Tudo se resume ao controle – e lembra de como as mulheres são atraídas por homens capazes de demonstrar ou comunicar que estão no controle de si mesmos, das situações e das mulheres?

Aqui está como isso funciona. Imagine uma mulher desafiando você a encontrar o endereço dela sem o benefício de um aparelho de GPS, e tudo o que ela lhe dá é uma descrição genérica, como a casa de cor azul em uma rua perto da loja tal. E acrescenta que fará tudo o que você quiser, caso seja capaz de encontrar a tal moradia. Como é que você dirigiria pelas ruas próximas a tal loja? As chances de um forasteiro, como você, se perder seriam grandes. Você não esta confiante, pois não sabe aonde está indo e que tem muito pouco controle sobre as possibilidades de transar com ela nas próximas duas horas.

Mas digamos que ela tenha fornecido o endereço exato e que seja apenas do outro lado do bairro onde você mora hoje. Aposto que guiaria como um doido, muito confiante nas suas habilidades de direção – sem hesitações e com paradas mínimas para certificar-se do local certo. Por quê? Você já sabe onde é – exatamente aonde está indo para atender ao chamado sexy da sorte!

Viu a diferença? Conhecer aonde se vai - literal ou figurativamente – te faz mais confiante do que ir a algum lugar desconhecido. Confiança é a marca de um homem de alto nível e qualidade-chave para atrair e seduzir mulheres.

Oh, e quando você sabe aonde ir com o que está fazendo, dá às mulheres a impressão de que você é o cara certo para satisfazer-lhes as necessidades emocionais e carnais. É isso aí, presidente!

#3: caminhar suave e controlado.

O caminhar é tranquilo, pois caminham no ritmo que eles mesmos escolheram. Lembre-se que NADA faz com que um homem de alto nível caminhe em ritmo que não quer.

Eles são os líderes, estabelecem o ritmo e o tom: não se apressam! *Only fools do*, sim, como diz a canção: somente os tolos o fazem.

Acelerar o seu caminhar, como se estivesse participando de uma maratona de marcha acelerada, torna-o desajeitado, meio estranho. Acelerar o andar sem que seja em exercícios, evidencia a pressa, provavelmente porque esqueceu de desligar o gás em casa, que está atrasado para uma liquidação de garagem, que está tentando agradar ao chefe chegando 30 minutos mais cedo, ou que vai correr para lamber os pés de alguma garota mandona e ser escravo dela.

Isso, chefia, de forma alguma mostra superioridade. São sinais de um fofinho – um homem que não é forte o suficiente para assumir o controle das circunstâncias, de si mesmo ou das mulheres em geral. E quer saber mais? Fofinhos não são machos de gabarito elevado, e muito menos são atraentes às fêmeas.

Quando você desacelerar o seu caminhar, ficará mais relaxado - e isso é notado! O que significa estar relaxado? Significa que não está com pressa porque esqueceu o gás ligado ao sair de casa, que está com tempo para chegar naquele importante compromisso que vai alavancar a sua carreira, que não é um puxa-saco de chefe, implorando por uma promoção há muito merecida, e que não está sob o controle de mulher alguma. Resumindo, você é o guia da sua vida, está com as rédeas da situação bem nas mãos.

Isso é ser alguém de alto nível, meu amigo. E muito sexy para as mulheres.

#4: O andar é uma marcha (masculina) da vitória.

Os alfas andam como numa parada da vitória, numa volta olímpica da medalha de ouro. Enquanto caminham, recarregam a energia por meio de pensamentos positivos, e o corpo acompanha esse estado mental.

Exibem aquele "meio sorriso" de quem sabe das coisas.

O andar tem uma firmeza dominante e, ao mesmo tempo, é relaxado.

Qualquer fofinho consegue andar; mas de um jeito que exale confiança e alto nível, isso leva tempo. Um tipo de marcha que grita "Homem de verdade!". E isso é semelhante a emitir avisos "Alerta, homem sexy e quente se aproximando" em direção às mulheres.

Esse modo masculino de se movimentar não se resume a uma coleção de gestos - tem relação com autoconfiança. Nos indivíduos de alto status é algo que vem naturalmente, afinal eles confiam em si mesmos. Seria o mesmo que perguntar como os pássaros dominam a arte de voar. Ora, é porque são...pássaros! Então, se você tem confiança, o seu andar será de alto nível.

Lembra dos torpedos da sua mente subconsciente? Se sua mente subconsciente ainda está programada ou codificada para agir com comportamento de baixo nível, então, naturalmente, você tende a caminhar de forma assexuada ou até mesmo feminina. Mas se você fez o dever de casa e começou a experimentar certo nível de sucesso em termos de adquirir um senso genuíno de autoconfiança, o jeito de andar masculino sairá de dentro de você!

Sim, você pode fingir, mas qualquer sucesso que vir a experimentar será curto, a não ser que seja capaz de usar esse mesmo sucesso para reprogramar o seu subconsciente na direção de uma autoconfiança verdadeira.

Fato que me remete ao início do livro — trabalhando no seu jogo interno. Plante a fruta alfa e continuará colhendo virilidade - a fruta alfa que inclui o jeito de andar muito próprio dos machos alfa! É o tipo de movimento que provoca a admiração das outras pessoas - mesmo quando o notam pela primeira vez — e as mulheres certamente desejam uma prova dessa tentação. Talvez até mesmo um banquete completo do que apreciaram!

Pense como um alfa dominante, seja um e se movimente como tal! Externe a abundância de sua masculinidade interior no movimento com que seus pés o transportam. Não existe outra maneira - e nem pode ser diferente!

#5: Os alfas frequentemente visualizam além da multidão.

Conforme andam, suas mentes concentram-se no próprio caminho.

Não ficam olhando nos olhos de todo mundo para adivinhar o que pensam sobre eles; olham adiante, dão a impressão de dominar completamente o caminho que seguem.

O meio ao redor não capta a sua atenção, mesmo que esteja em constante mudança. Lembre-se, você é O CARA! Espera-se que transpire confiança, carisma e uma atitude do tipo "Não estou nem aí para o que você está achando". E o melhor jeito de mostrar isso é agir com certo ar esnobe. Tenha em mente que ter um "certo ar esnobe", não é SER arrogante, não é ignorar as pessoas que o chamam ou que se aproximem para conversar.

Por que essa aparência de esnobe é tão vital para o status de categoria superior? Primeiro, ela remete a um senso interior de segurança e confiança de que realmente não está nem aí para o que acontece ao redor. Você sinaliza que não está buscando a aprovação de ninguém para sentir-se bem consigo mesmo. Você se basta, e todas as suas necessidades de segurança são autossatisfeitas.

Outra razão de ser de alto nível é por que dispara mensagens silenciosas, do tipo:"Vocês, pessoas, não merecem minha atenção. Suas vidas provavelmente são tão interessantes quanto assistir o peixinho dourado nadar dentro do aquário. Por outro lado, EU sou tão interessante e intrigante que desperto o meu próprio interesse! Tanto que vocês, pessoas, vão querer me conhecer e iniciar contatos para satisfazer suas curiosidades sobre tanto mistério! Eu não desejo suas atenções – vocês querem a minha."

Terceiro, o ar de esnobe atrai as pessoas, especialmente as mulheres. Se você é do tipo que sorri para todos com os quais encontra, e sempre toma a iniciativa do primeiro contato, está mandando mensagens contraditórias às fêmeas. Sutilmente, é isso o que você diz: "E aí, não sou interessante, por isso meus esforços constantes para agradar fazendo o primeiro contato. Também não me sinto seguro e confiante, por isso a necessidade de sempre iniciar um contato e olhar para todos que passam por mim. Por favor, alguém venha me salvar da minha existência banal! Tenham piedade de mim!"

Certo, certo, talvez eu tenha exagerado um pouco, mas o meu ponto é: olhar para além da multidão, frequentemente o fará parecer mais interessante!

Esses foram os cinco princípios de um caminhar característico de quem é O CARA.

Todo homem tem seu próprio estilo exclusivo de andar, que pode ser treinado e aperfeiçoado ao máximo com alguns truques e dicas.

Siga adiante, se aperfeiçoe.
Após ler o próximo capítulo, seu caminhar nunca mais será o mesmo!

Como andar igual a um verdadeiro Don Juan moderno- Certifique-se de encontrar o seu estilo sexualmente atraente ao caminhar.

Aposto que em sua mente já tem uma imagem, um filme, uma canção, alguma coisa que lhe traz a ideia de um andar de alto nível. Pode ser, se você assina o Netflix, que já tenha visto videoclipes de como James Bond, Dwayne *"The Rock"* Johnson e Hugh Jackman costumam caminhar.

Então, você já sabe como é. E seu cérebro e o subconsciente também sabem.

Nesse exato momento, você precisa se dar a permissão para andar daquele jeito.

Lembra sobre afirmações positivas? Agora é a melhor hora para usá-las! Se a sua mente subconsciente ainda não está programada para fazer com que você ande como um dominante, repita as palavras sobre querer que seja do jeito certo até que o seu consciente as transfira para o subconsciente. Se você já pensa desse jeito, não há mal algum em continuar reforçando isso! Lembra quando falamos sobre não deixar espaço para que o antigo "eu fofinho" volte rastejando, sorrateiramente?

Repita para você mesmo algo como:"Meu irmão, eu agora já estou em outro nível. Eu me enxergo como um cara de alto nível. De agora em diante, eu caminho como os atores e líderes mais importantes, pois EU ME AMARRO em ser desse jeito tão dominante, charmoso e em paz comigo!".

Em primeiro lugar, para a internalização completa do andar em alto nível, você deveria usar alguém como modelo, e que seja um sujeito que realmente expresse tal habilidade de movimento.

Espelhe-se nele até começar a obter resultados consistentes fazendo isso, e então inove e acrescente o seu próprio estilo de andar.

Escolha um ou dois modelos. Observe os movimentos, suas interações, e tente capturar cada um desses movimentos pessoais. Talvez eles pertençam a um grupo de amigos, alguém com quem costuma sair, e será melhor ainda, pois você já estará imerso no ambiente e poderá aprender mais depressa.

Uma vez por dia, leia os cinco princípios do capítulo anterior sobre o caminhar de um dominante.

Então pegue o seu modelo e, mantendo o foco nos princípios lidos, observe-o caminhar por um minuto.

Em seguida pratique esse andar por uns três minutos.

Repita essa sequência diariamente, por uma semana.

A prática é a chave aqui, meu amigo de ação! Praticando o que você aprendeu e observou de um andar real ajudará a reprogramar sua mente subconsciente em direção ao êxito, reflita e entre em ação para deixar aflorar o FODÃO que está preso ai dentro. Pense nisso como um externar dos princípios alfas que foram implantados em seu eu. Quanto mais você, literalmente, andar como fala, mais o seu falar influenciará o seu andar!

E por falar em praticar, eu li o best-seller de Malcom Gladwell, *Outliers*, tratando de um determinado estudo cuja conclusão revela a necessidade da prática – em média – de cerca de 10.000 horas para se especializar em qualquer coisa, quer seja tocar guitarra elétrica ou rebater uma bola no *baseball*. Não sei sobre você, meu amigo, mas 10 mil horas caminhando parece um tanto demais para mim. É algo como correr 2 mil maratonas de cinco horas. É loucura! Eu não cronometrei minhas horas de prática, mas seguramente posso dizer que não precisei andar 10 mil horas para deixar que o meu FODÃO INTERIOR assumisse o comando ao caminhar. Devo ter necessitado somente de umas 9.999 horas!

Brincadeiras à parte, a quantidade de tempo e prática necessária para se especializar no modo certo de andar varia de pessoa para pessoa, mas é certo que não vai levar uma vida inteira!

Existem maneiras de ajudar o seu andar "prático" ser mais eficiente, e você se tornar um mestre nisso de forma bem mais rápida. Uma delas é pedir a opinião de suas amigas mais próximas.

Não aconselho pedir opinião dos seus amigos homens, pois não terão a menor ideia do que falar – a não ser que sejam gays, pois aquilo que atrai as mulheres, também funciona com eles. Obtendo esse *feedback*, você terá o benefício de se ver andando sob o ponto de vista alheio - de terceiros. Além disso, sendo o seu objetivo seduzir e atrair mulheres, ter a opinião delas - ou de gays – será o mais perto da verdade que você chegará sobre os resultados de seus esforços.

Se não possuir amigas (pobre de você) ou amigos gays, nada de pânico! Ainda poderá gravar esses seus exercícios e assistir, comparando com os vídeos de pessoas como Harvey Specter ou Brad Pitt, e então avaliar como está evoluindo na prática.

Pessoalmente, eu pratico usando Ryan Gosling como modelo. Eu nunca o vi caminhando sem um propósito. Ele sempre está empinado e aberto, o andar do cara é suave e controlado. E é claro, as mulheres o consideram sexy e de um tremendo alto nível.

Lembre-se que nem mesmo a prática leva a perfeição, ela traz a excelência.
Sempre que caminhar, tenha consciência de o fazer com excelência.
Até na primeira caminhada do dia, quando todos os medíocres vão ao banheiro arrastando os pés, cansados, flácidos, mantenha o alto nível e a força. Ande pela casa por uns minutos, de preferência em frente ao espelho ou de uma câmera de vídeo. Sinta, internalize e acredite que você habita o corpo do personagem, seja James Bond, Ryan Golsling ou Matt Bomer em "Crimes do colarinho branco". Comece o seu dia praticando o andar que pretende mostrar ao mundo!
E se você for fraco da memória? Trate de tomar suplementos ou durma mais. Se isso não funcionar ou se não puder se dar o luxo de dormir mais, coloque um bilhetinho perto da cama, onde você vai olhar assim que abrir os olhos. Desse jeito, não terá nenhuma desculpa para não começar o dia como um homem que sabe conquistar o que deseja na vida.

Confie sempre no processo e os resultados virão. É assim que deve ser: agora você é um sujeito de alto nível. Não dê ouvidos à mediocridade reinante ao redor e mantenha-se no caminho.

Visualize-se caminhando nas ruas de um jeito dominante, relaxado...espetacular. A visualização é um método muito útil para ajudar na reprogramação do subconsciente, e naturalmente provocar a transformação que você almeja. De fato, é a técnica mais popular – e com razão – em produzir efeito para a transformação pessoal. Por quê?

Porque a mente subconsciente – ao contrário da consciente – não diferencia entre experiências reais e imaginárias. Não acredita em mim, irmão? Tudo bem, só peço que veja uma coisa.

Pode você, de forma consciente, fazer seu pênis ficar duro como uma rocha simplesmente pensando sobre isso, sem nenhum contato físico, ou algo parecido? Duvido. É porque ao contrário de sua mão que pode ser controlada, você não pode fazer o seu salame júnior se levantar ao bel-prazer. Agora tente isso...

Pense com muitos detalhes naquela gata mais gostosa que conhece, visualize em sua mente que ela está te dando mole, que a fêmea está sem ver uma salsicha há mais de mês - está faminta pela sua vienense! Consegue sentir o júnior se levantando para encarar o desafio? Presumo que sim. Só de escrever a cena, senti o meu dar sinal de vida...parceiro!

Isso é o poder da visualização, meu caro amigo. Seu subconsciente não foi capaz de decifrar que o cenário não era real...que tudo isso não passava de uma grande tentativa da mente consciente de enganá-lo e fazer o galo se levantar para cantar. E a resposta foi como se tudo estivesse acontecendo de forma real. E a prova, nesse caso, foi a ereção.

Pode imaginar se suas práticas efetivas forem reforçadas com sessões mentais de visualização? Na realidade, você nem precisa fazer isso. Inúmeros estudos têm mostrado o poder da mentalização e reforçado o que é sabido em termos de performances físicas - seja nos esportes ou tocando um instrumento musical. Seus resultados mostraram que as melhoras reais nas performances físicas não foram significativamente diferentes dos resultados obtidos nas performances mentais. Na verdade, alguns deles até mostraram que a combinação letal de práticas reais e mentais (visualização) melhoraram significativamente a performance quando comparadas ao uso de apenas um dos dois métodos. Se atletas profissionais e músicos utilizaram a visualização para suplementar os treinos físicos, por que você não pode fazer o mesmo para reforçar o trabalho na prática do caminhar de alto nível?

Antes de partirmos, quero dizer que não tenho mais como reforçar a ênfase na importância de praticar o que você aprendeu aqui. Combinando as práticas com a visualização/mentalização, você está efetivamente reprogramando a sua mente subconsciente para, então, se tornar cada vez mais O CARA. Pratique, mentalize e permita que essa visão se manifeste dentro de sua realidade!

Conclusão

Quando se exterioriza uma linguagem corporal de alto nível, as pessoas concluem que você está no controle de sua própria realidade.

Assim, de acordo com o que aprendeu neste livro, sinta-se confortável; ocupe o seu espaço pessoal e deixe o seu corpo se manifestar de forma poderosa e dominante. As pessoas ao redor ficarão mais relaxadas e confortáveis: esse é o objetivo principal de um líder de alto gabarito.

Não se esqueça disso, meu amigo alfa.

O corpo segue a mente, mas a mente precisa da orientação imprescindível do corpo.

Adquirir uma linguagem corporal superior fará com que sua atitude mental se fixe em um patamar de mesma categoria.

Essa é a verdadeira força e o maior benefício de exibir uma linguagem corporal poderosa.

Para treinar o seu novo andar, faça disso uma prática consciente e permanente, seguindo a sequência ensinada no capítulo relativo.

E agora imagine: sua linguagem corporal será grande, garotas serão atraídas por suas posturas e pelo modo como se relaciona com o mundo.

Elas desejarão conversar com esse sujeito marcante e……. Sua voz soará como um miado.

Isso seria realmente uma situação embaraçosa. Apesar da linguagem corporal ser extremamente importante, de nada vai adiantar se a voz for uma bosta.

Por isso eu tive que dedicar um livro inteiro ao treinamento vocal.

E porque você merece ostentar uma voz poderosa e dominante, coloquei uma prévia desse meu livro sobre treinamento da voz no capítulo a seguir.

Você é muito bem-vindo, homem.

Não perca a oportunidade.

Finalmente, se gostou desse livro, então por que não deixa um comentário na *Amazon*, assim como fizeram vários outros leitores? Sua opinião é valiosa para aprimorar cada vez mais o presente guia. Vou gostar muito de saber sua opinião!

PS: quer conhecer minhas melhores dicas e técnicas comprovadas para atrair, seduzir e literalmente fazer as gatas enlouquecerem por você?

Então, não deixe de *clicar aqui* agora mesmo!

Ou pode acessar o link a seguir: Acredite em mim: essa porra vai mudar a sua vida, você não vai ter do que reclamar!

Parte 2

Introdução

Quero agradecê-lo e parabenizá-lo por ter adquirido o livro.

Este livro contém etapas e estratégias comprovadas sobre como ler a linguagem corporal e usar as informações para se sair bem em encontros, em entrevistas e em suas interações com outras pessoas. Também ensina como se tornar o mestre da sua própria linguagem corporal, para que seu corpo esteja de acordo com o que sua boca está dizendo.

Nós nos comunicamos com a nossa família, amigos, colegas e desconhecidos todos os dias. Conversamos com as pessoas cara a cara ou ao telefone, escrevemos cartas e e-mails e conversamos on-line com as pessoas durante todo o dia. Estamos orgulhosos de nós mesmos como seres humanos por termos desenvolvido tantas linguagens complexas com um amplo e profundo vocabulário. Mas as palavras não são a única maneira de se comunicar com outras pessoas.

A linguagem corporal humana, a forma como nos equilibramos, a maneira como nos posicionamos e nos movemos, os diferentes sinais e gestos que usamos e até os micro-gestos sutis e movimentos faciais involuntários são informações transmitidas para as pessoas ao nosso redor. Mesmo quando estamos completamente quietos, nosso corpo está falando por nós. Quando estamos mentindo para alguém, por qualquer motivo, nosso corpo geralmente está entregando a verdade.

Esta informação é recebida por outras pessoas em um nível subconsciente. Algumas pessoas são melhores em ler essas informações mesmo sem ter consciência disso. Eles gostam de chamar isso de intuição ou instinto. Você já sentiu que alguém não era digno de confiança mesmo não tendo lhe dado razão para acreditar que fosse assim? Se sua resposta for sim, então esse foi seu subconsciente lendo a linguagem corporal dessa pessoa.

Por alguma razão, suas palavras não pareciam corresponder à sua linguagem corporal e é por isso que você achou difícil confiar nelas. Você pode ter pensado que elas não estavam com a "vibe" certa ou algo assim, mas foi simplesmente a linguagem corporal dessas pessoas que as entregou.

Esta comunicação não verbal acontece o tempo todo sem que percebamos. Imagine como você se tornaria poderoso se pudesse começar a explorar esse fluxo de informações. Aprender a ler a linguagem corporal não é tão difícil. Muitas profissões como a polícia, RH, os políticos e os atores dependem de ser bons em ler a linguagem corporal. Depois de aprender a ler a linguagem corporal de outras pessoas, você também pode aprender a controlar sua própria linguagem corporal para controlar o que seu corpo está dizendo.

É claro que muito poder pode ser obtido aprendendo a linguagem corporal, mas como se aprende isso? Há toneladas de livros sobre linguagem corporal que discutem cada gesto detalhadamente. Mas isso é como aprender todas as palavras em uma língua sem aprender a formar frases. Neste livro, adotarei uma abordagem um pouco diferente que ajudará você a compreender a linguagem corporal mais rapidamente.

Mesmo se você não tiver uma das profissões mencionadas acima, há muito a ganhar aprendendo a linguagem corporal. Como estamos sempre nos comunicando usando essa linguagem, faz sentido que a aprendamos. Ela irá lhe ajudar a navegar com facilidade pelo complexo labirinto social do mundo de hoje e também ajudar a cultivar relacionamentos fortes e evitar os maus. Isso o ajudará a conhecer pessoas genuinamente interessadas em você. Ela irá lhe ajudar a identificar quando seu encontro está indo bem e quando está um fracasso. Tudo isso e muito mais espera por você neste livro, então continue a ler!

Obrigado novamente por adquirir este livro, espero que você goste!

Capítulo 1
A Importância da Linguagem Corporal

No reino animal, muitas comunicações ocorrem através da linguagem corporal. Além do curto vocabulário de sons que os animais podem produzir, a posição do corpo, os gestos faciais, o contato visual e até mesmo a cor da pele são usados pelos animais para se comunicar uns com os outros. Os animais não precisam aprender essa linguagem, pois ela é instintiva e pré-programada em seus cérebros.

Por baixo de todas as camadas de poliéster e algodão, nós também somos apenas macacos altamente inteligentes. Desenvolvemos a capacidade de unir sons em palavras e palavras em sentenças, o que nos deu o poder de nos comunicar com um nível de detalhe inédito em qualquer outra espécie animal. É através dessas palavras que estou escrevendo, que você pode entender exatamente o que quero dizer, mesmo que nunca tenhamos nos encontrado, separados por grandes porções de tempo e espaço! Mas por trás de todas essas palavras e línguas, ainda usamos nossa linguagem corporal para comunicar as ideias mais simples uns com os outros.

De certa forma, a linguagem corporal é a primeira língua de todo ser humano. É o nosso verdadeiro idioma materno e foi pré-programado nos nossos cérebros. Nós temos a capacidade de entender a linguagem corporal instintivamente. Isso nos afeta de duas maneiras principais:

1. Primeiro, quando alguém está falando conosco, estamos ouvindo suas palavras e nosso cérebro está identificando o sentido delas, mas nossa mente subconsciente também está lendo sua linguagem corporal e nossos instintos estão nos dizendo

sobre o verdadeiro significado dessa comunicação. O único problema é que não prestamos muita atenção a esses instintos e nos concentramos apenas nas palavras.

2. Em segundo lugar, quando estamos conversando com outra pessoa, a mesma coisa está acontecendo, porém ao contrário. Então, se estamos tentando usar nossas palavras para construir uma certa imagem, nossa linguagem corporal também está pintando uma imagem própria. Se estivermos sendo honestos, essas imagens serão iguais. Mas, se estivermos mentindo, por qualquer motivo, nossa linguagem corporal revelará a verdade. Mais uma vez, a outra pessoa pode ou não ouvir seus instintos, e é por isso que às vezes escapamos com a mentira e outras vezes não.

As mulheres são melhores em ouvir seus instintos e, portanto, muito melhores em descobrir uma mentira. Pergunte a qualquer marido se você estiver duvidando. Isso não significa que você precisa se tornar mais instintivo para entender a linguagem corporal. Você também pode conscientemente aprender nosso primeiro idioma e se tornar um especialista em decifraras pessoas.

Aqueles que trabalham em um emprego, onde precisam fazer muitas entrevistas, lentamente se tornam especialistas em linguagem corporal. Eles aprendem a ler conscientemente os vários sinais da linguagem corporal e colocá-los juntos com as palavras do entrevistado para descobrir a verdade. Policiais e detetives que interrogam criminosos também se tornam bons em reconhecer a linguagem corporal. Os políticos são bons em mudar sua própria linguagem corporal para passar confiança para as pessoas, mesmo que seus motivos sejam às vezes egoístas. Os atores aprendem a ler a linguagem corporal dos diferentes tipos de personagens e usam esse conhecimento ao representar um personagem em particular. Isso pode ser uma habilidade instintiva deles ou podem ter passado algum tempo aprendendo a linguagem corporalconscientemente.

Essas são algumas das profissões que obviamente se beneficiam da capacidade de entender a linguagem corporal. Mas todos podem se beneficiar aprendendo a linguagem corporal, não apenas em sua vida profissional, mas também em sua vida pessoal. Dado que tão poucas pessoas aprendem a entender conscientemente a linguagem corporal, isso pode lhe dar uma vantagem sobre os outros.

• Você pode entender o que os outros estão realmente falando com você. Isso ajudará você a evitar os mentirosos e as pessoas manipuladoras, melhorar suas habilidades de comunicação, torná-lo um melhor ouvinte e aumentar sua confiança em sua capacidade de julgar e confiar nas pessoas.

• Você pode aprender a controlar sua própria linguagem corporal para que seu corpo esteja dizendo exatamente o que suas palavras significam. Algumas pessoas pensam que se você quer controlar sua linguagem corporal e alterá-la para se adequar às suas palavras, então você está tentando ser manipulador. A verdade é que tendo essa capacidade de controlar sua linguagem corporal ela pode ser usada corretamente em muitas situações sem ser manipuladora. No final, se você não for uma pessoa manipuladora, aprender a linguagem corporal não o fará manipulador.

• A maior e menos conhecida vantagem de se aprender a linguagem corporal é que existe uma correlação bilateral entre nossa linguagem corporal e como nos sentimos. Por exemplo, se estamos nos sentindo tristes, o corpo automaticamente ficará murcho; nossos ombros se inclinarão e nossa cabeça e olhares serão para baixo e poderíamos até cruzar nossos braços na frente de nosso peito em uma postura defensiva e tentar se encolher como uma pequena bola por nos sentirmos tão pequenos e sem importância. A boa notícia é que os estudos mostraram que, se adotarmos uma posição poderosa e confiante, mesmo quando nos sentimos mal, podemos realmente alterar a maneira como nos sentimos até que realmente estejamos confiantes e positivos.

Antes de discutirmos como usar a linguagem corporal em diferentes situações, vamos primeiro dedicar um capítulo à compreensão dos gestos e posições mais básicos.

Capítulo 2
Gestos Comuns

Existem certos gestos habituais que fazem parte da nossa linguagem corporal e todos nós os conhecemos e compreendemos. Gestos como sorrir e franzir a testa são entendidos universalmente, apesar de quaisquer barreiras culturais ou linguísticas. Esses gestos básicos não são nada além do que linguagem corporal. Você não precisa de mim para dizer o que significa um sorriso e uma carranca. Esses gestos são, de fato, tão comuns que os usamos toda hora.

Nós podemos fingir um sorriso a qualquer hora que quisermos. Isso também significa que a importância deles em nos dizer a verdade sobre o falante diminuiu. As pessoas podem sorrir com seus rostos com a mesma facilidade com que mentem com suas palavras. É por isso que precisamos ir além dos gestos básicos para chegar à verdade. Mas, apenas a título de argumento, aqui está uma lista de alguns dos gestos mais comuns:

A boca

A boca pode dizer muito sobre uma pessoa em termos de linguagem corporal. Existem vários gestos ou posições diferentes que você pode perceber e os seguintes são aqueles que devem ser considerados se você estiver tentando avaliar a linguagem corporal de alguém:

- Sorriso

Talvez o gesto mais comum de todos, sorrir, seja um dos maiores sinais da linguagem corporal, porém pode ser mal interpretado. A maioria das pessoas sorri porque elas são felizes, mas outras usam isso como uma forma de sarcasmo ou cinismo. Enquanto você geralmente pode dizer se um sorriso é feliz, há outros que você também deve se atentar.

Um sorriso com os lábios apertados pode significar que o sorriso é educado mas é também o mais fácil de fingir. Pode significar medo, polidez, timidez, retração ou pode ser para mascarar os verdadeiros sentimentos de uma pessoa. Seja como for, é classificado como um sorriso secreto.

Um sorriso presunçoso é geralmente representado pelos lábios pressionados juntos e um lado virado para cima. Geralmente é um sinal de arrogância, auto-satisfação ou superioridade, mas também pode ser um sinal de dispensa, dúvida ou ridicularização. Pelo lado positivo, na ocasião certa, também pode ser um sinal de paquera ou brincadeira.

Um meio sorriso é semelhante ao sorriso presunçoso, mas é um pouco mais ambíguo em seu significado. Ele também é assimétrico e tem vários significados. Pode significar sarcasmo, superioridade ou extrema confiança. Também pode significar timidez, ou pode ser que a pessoa não está feliz nem triste. Geralmente é visto como um sorriso cansado, que não é completo.

Um sorriso com a boca aberta nem sempre significa felicidade. Pessoas genuinamente felizes mostram seus dentes quando sorriem, mas um sorriso aberto, que parece congelado, é geralmente falso. No entanto, pode instilar um sentimento de confiança e felicidade, uma atitude realmente despreocupada e que é vista como uma boa para se ter, mesmo que não seja um sorriso verdadeiro.

- Sorrir para expressar alegria.

- Morder os lábios

Morder o lábio inferior pode indicar sentimentos de insegurança, preocupação ou mesmo medo. As pessoas que exibem esse tipo de sinal corporal o farão em qualquer situação previsível. Se acompanhada de olhos arregalados e sobrancelhas levantadas, também pode indicar que a pessoa está preocupada em ser repreendida ou censurada da mesma forma que ocorre com uma criança. A mastigação labial também pode indicar que uma pessoa que está mentindo está nervosa ou alguém que está tentando impedir ela mesma de dizer algo que talvez não devesse.

Assim como uma ação reconfortante, morder o lábio pode ser uma ação reprimida, já que a pessoa está se impedindo de dizer alguma coisa.

- Lábios separados

Lábios ligeiramente entreabertos são geralmente um sinal de flerte, especialmente se a pessoa também lambe os lábios, mais ainda se olhar para outra pessoa ao mesmo tempo. A separação dos lábios é também o primeiro estágio da fala e pode indicar que uma pessoa tem algo a dizer.

- Franzir os lábios

Lábios franzidos (bico), são aqueles que são apertados em todas as direções, e geralmente indicam tensão, desaprovação ou mesmo frustração. Eles também são um dos sinais de raiva, especialmente raiva reprimida. Prender os lábios é uma maneira de se impedir de dizer algo e também pode ser uma indicação de que uma pessoa está mentindo ou sendo liberal com a verdade.

Prender os lábios é uma indicação de que a pessoa está pensando e tomando uma decisão entre várias opções. Todas estas são vistas como ações avaliativas e essa é a razão mais comum para se franzir os lábios.

- Sugar os lábios

Indicado quando a parte vermelha dos lábios está escondida, geralmente indica um pensador ou a incerteza de uma possível má notícia. Também pode apontar que a fala está sendo suprimida, uma pessoa se impedindo de dizer algo que ela sabe que provavelmente deveria dizer. É também um indicador de desaprovação ou mentira.

- Lábios apertados

São aqueles que são mantidos retos na horizontal, mas espremidos no plano. É como a ação de fechar os lábiosem exagero, daí a expressão "pressão labial" ou "pressionar os lábios". Pode indicar um desejo de dizer algo, mas mantê-lo reprimido ou proibido. Também pode ser um indicador de frustração, angústia ou até de se recusar a comer alguma coisa, seja por pura aversão ou por outro motivo.

- Lábios virados para cima

Se os cantos dos lábios estiverem voltados para cima, há duas razões possíveis: repulsa ou prazer. Se estão no geral planos e tensionados, é provável que seja repulsa, ao passo que, se os olhos estão sorrindo e todo o rosto está relaxado, então é prazer. Se um sorriso não inclui os olhos, então muitas vezes é falso, talvez alguém tentando dizer que está satisfeito, mas, na realidade, está se sentindo exatamente o oposto.

- Lábios virados para baixo

Quando os cantos da boca se viram para baixo, geralmente indica que a pessoa está triste ou não está satisfeita com alguma coisa. Dito isso, algumas pessoas geralmente parecem assim o tempo todo, principalmente porque nunca são felizes e exibem essa expressão com tanta frequência que suas bocas tendem a se acomodar naturalmente nesse estado.

- Retraídos

Lábios retraídos são aqueles puxados para trás, expondo os dentes. Este poderia ser um sorriso largo ou poderia ser um indicador de agressividade. A única maneira de realmente dizer de qual se trata é olhar para os olhos - em um sorriso, os olhos estão contraídos nos cantos, enquanto que, em um olhar agressivo, os olhos estãoencolhidos ou fixos.

- Mover os lábios

Uma pessoa que move seus lábios sem estar falando geralmente pensa em dizer alguma coisa, formando as palavras antes de realmente dizê-las. É um movimento subconsciente e muitas vezes você vê as pessoas fazendo isso enquanto leem. Se a boca estiver se movendo para cima e para baixo, isso pode indicar que a pessoa está mastigando o interior da boca, indicando nervosismo.

- Lábios torcidos

Lábios torcidos geralmente são indicados por pequenos,porém rápidosmovimentos da boca e tendem a esboçar os pensamentos internos de uma pessoa. Um exemplo é uma contração simples, que indica que uma pessoa não acredita em você ou é um cínico. Os mentirosos tendem a exibir esse tipo de contração subconscientemente.

- Lábios salientes

Normalmente indicado quando o lábio superior é empurrado para fora sobre o lábio inferior, o que poderia parecer uma pessoa mordendo o lábio inferior, que é comumente visto como um indicador de culpa. Se o lábio inferior estiver saliente sobre o lábio superior, pode ser visto como incerteza, ou uma pessoa que está exibindo uma petulância infantil e está emburrada. Se ambos os lábios são empurrados para fora, é um sinal de dúvida e, se a pessoa está com um dedo tocando os lábios, é uma indicação de que ela estão pensando, talvez considerando dizer algo, mas não está pronto para dizer.

- Franzir o rosto (careta)

Uma careta é geralmente representada por uma curva aberta para baixo da boca, juntamente com um franzido na testa, unindo as sobrancelhas e enrugando a testa. Os olhos geralmente são espremidos ao mesmo tempo. Uma carranca geralmente indica desprazer, preocupação, tristeza ou confusão, embora também possa significar profunda concentração.

- Franzir o rosto para expressar raiva.

Os Olhos

Os olhos são muitas vezes referidos como "as janelas da alma" e há uma boa razão para isso. Os olhos falam muito, mesmo quando uma pessoa não percebe isto e eles podem enviar sinais diferentes. Por esta razão, quando você está lendo a linguagem corporal, você também deve ler os olhos ao mesmo tempo que outros sinais, pois eles geralmente dizem a verdade, enquanto outro sinal pode não estar dizendo.

- Olhar pra cima

Se os olhos e / ou a face de uma pessoa estão voltados para cima, é normalmente um indicador de que ela está pensando, possivelmente imaginando coisas em sua cabeça. Ela poderia estar recordando palavras que havia preparado, especialmente para uma apresentação ou discurso. Se estiver olhando para cima e para a esquerda, isso significa que ela está recordando memórias, e olhar para a direita podem indicar que estão imaginando uma reconstrução de algo - isso pode indicar que está mentindo ou se preparando para mentir. Você pode ser pego de surpresa - um mentiroso experiente pode reverter essas ações e a única maneira de realmente saber é fazer uma pergunta que as faça lembrar de fatos.

Olhar para cima também é um indicador de tédio, uma pessoa à procura de algo mais interessante para se concentrar. Se a cabeça está abaixada e os olhos estão olhando para cima, é uma ação sugestiva ou tímida, geralmente no caso de atração. No entanto, se for combinado com uma carranca, também pode indicar que a pessoa está sendo crítica.

- Olhar pra baixo

Enquanto olhar para uma pessoa nos olhos é um sinal de domínio e poder, olhar para baixo é visto como um sinal de submissão, especialmente se a pessoa inclina a cabeça para trás também. Olhar para a esquerda enquanto olha para baixo indica que uma pessoa está falando consigo mesma, possivelmente acompanhada pelo movimento dos lábios. Se estiver estão olhando para a direita, isso poderia indicar uma luta interna ou ela pode estar lidando com suas emoções. Em uma cultura em que o contato visual é considerado dominante ou rude, a pessoa geralmente olha para baixo para indicar respeito quando fala com outra pessoa.

- Olhar para os lados

Como a maior parte do nosso campo de visão é horizontal, se uma pessoa olha para o lado ela está evitando olhar para o que está à frente deles ou pode estar olhando para algo que os distraiu. Um olhar de lado pode ser visto como uma distração ou um sinal de irritação.

Olhar para a esquerda pode sinalizar que uma pessoa está recordando um som enquanto olhar para a direita é visto como se estivesse imaginando ou ouvindo o som. Mais uma vez, isso pode ser o inverso.

- Movimento lateral

As pessoas que movem os olhos rapidamente de um lado para outro são frequentemente vistas como desonestas ou mentirosas. É como se eles estivessem procurando uma saída para o caso de serem pegos. Também pode ser um indicador de conspiração, como se estivessem conferindo se alguém está ouvindo. Se uma pessoa está imaginando uma imagem na sua mente, seus olhos também se moverão de um lado pro outro.

- Olhar fixo

Se você olhar diretamente para algo ou alguém, isso indica um interesse e pode forçar os outros a fazerem o mesmo com você. Um olhar normal está ao nível dos olhos ou pode estar logo acima e pode estar fora de foco. Observar para onde os olhos miram quando olham para algo ou alguém é importante.

Se uma pessoa olha para outra diretamente nos olhos, pode ser um indicador de amor; se os olhos se moverem sobre o corpo, pode ser luxúria. Se você olhar a boca de uma pessoa, pode estar indicando que deseja beijá-la. Se você olhar de cima para baixo uma pessoa, você geralmente está avaliando-a, seja como amigo ou inimigo. Isso pode ser visto como um insulto e pode indicar uma posição presumida de domínio. Se uma pessoa te olha para a testa ou para longe, isso indica total desinteresse, possivelmente até tédio.

Enquanto os mentirosos tendem a ficar olhando para longe, eles também podem olhar diretamente para você por longos períodos, quase como se estivessem desafiando você a não acreditar neles. Ao mesmo tempo, eles também estão verificando sua linguagem corporal para ver se suas mentiras foram detectadas.

- Olhar de relance

Uma olhada rápida em algo pode indicar desejo, seja para uma pessoa ou objeto. Se você olhar para a porta, pode ser um indicador de que você está procurando uma saída. Olhar para uma pessoa pode indicar um desejo de falar com ela ou pode ser um sinal de preocupação quando algo desagradável é dito sobre essa pessoa. Um olhar emparelhado com sobrancelhas levantadas pode indicar desejo ou atração, enquanto que, se a sobrancelha não estiver levantada, pode indicar desaprovação.

Contato visual

O contato visual é uma forma de comunicação, muito poderosa e muito pode ser dito sem realmente falar com uma pessoa, apenas na maneira como você faz contato visual. Pode mostrar dominância, atração ou afeição.

- Olhos de Corça

Normalmente, um indicador de desejo sexual, uma pessoa que faz olhos de corça tem olhos suaves, levemente desfocados, e os músculos ao redor do olho também estão relaxados.

- Contato visual direto

O contato visual direto indica a uma pessoa que você sabe que ela está ali e que você pode estar interessado. Se você olhar diretamente nos olhos de outra pessoa, também poderá dizer para onde ela está olhando e, se você estiver olhando para longe quando alguém fala alguma coisa e, em seguida, a pessoa fizer contato visual, isso indica que sua atenção foi conquistada.

- Rompendo o contato visual

Se uma pessoa olha para outra com contato visual direto por um longo período, pode ser visto como ameaçador, então, durante uma conversa, as pessoas tendem a quebrar o contato visual com frequência. Também pode indicar que o que acaba de ser dito é um insulto ou a pessoa acabou de pensar em algo que poderia causar desconforto interno. Fazer contato visual direto, quebrá-lo e reconectá-lo é sinal de flerte.

- Contato visual longo

Fazer contato visual por mais tempo do que é considerado normal pode ter vários significados. O contato visual tende a ser maior quando estamos ouvindo atentamente alguém ou prestando muita atenção. Também indica que você gosta da pessoa que está olhando e, se associada a sorrisos e olhos de corça, é visto como atração.

Se o contato visual prolongado é mantido sem piscar, muitas vezes denominado como "encarar uma pessoa", pode indicar agressividade ou dominação, especialmente se o rosto não se mover.

- Contato visual limitado

Se uma pessoa faz um contato visual muito limitado, isso pode indicar sentimentos profundos de insegurança ou pode ser uma indicação de que uma pessoa está mentindo e não quer ser descoberta.

- Encarar

Esse olhar fixo é indicado por olhos muito abertos sem piscar e muitas vezes indica um interesse em algo ou alguém. Se você olhar para uma pessoa, isso pode indicar descrença ou choque. Se os olhos estão desfocados e uma pessoa parece estar olhando, ela está dentro de sua própria cabeça e podem realmente não estar olhando pra nada. Se uma pessoa abre os olhos e começa a encarar por um curto período, isso pode indicar surpresa.

- Olhar semicerrado

Apertar os olhos, ou um estreitamento dos olhos, indica incerteza, avaliação ou pode ser que a pessoa precise ver algo com mais clareza - apertar os olhos contrai as pupilas para que você possa ver com mais detalhes. As pessoas também fazem isso quando contra uma luz brilhante.

- Piscar

Piscar é natural; todos nós fazemos isso involuntariamente como uma maneira de manter os olhos limpos. O nervosismo pode ser indicado por uma taxa muito mais rápida de piscadas e isso pode ser um sinal de mentira. Piscar também é visto como um sinal de relacionamento e duas pessoas conectadas podem piscar ao mesmo tempo. Se uma pessoa estiver ouvindo atentamente, ela só piscará quando houver uma pausa na fala.

Um único piscar de olhos pode indicar surpresa, uma ação de descrença e piscar rápido é visto como um sinal de arrogância - isso bloqueia a visão e pode ser uma pessoa dizendo que ela é muito poderosa e importante; ela não precisa ou deseja ver você.

- Boca aberta e os olhos arregalados para expressar o choque. Este gesto é frequentemente acompanhado com a mão cobrindo a boca.

Gestos e Posturas do Corpo

Alguns dos sinais mais óbvios da linguagem corporal são aqueles que incluem gestos e posturas físicas. No entanto, uma coisa que devemos ter cuidado ao ler a linguagem corporal é que algumas coisas têm significados completamente diferentes entre diferentes culturas.

- Mãos

As mãos contêm 27 ossos e são uma das partes mais expressivas de nossos corpos, a segunda melhor fonte de linguagem corporal - o rosto é a primeira.

- Segurar

Uma pessoa que agarra sua mão fortemente indica usualmente posse, força e propriedade, embora também possa ser um sinal de extrema confiança. Se uma pessoa está segurando a própria mão, ela tende a significar um desejo de conforto, enquanto um torcer das mãos indica nervosismo. No entanto, também pode indicar um sinal de raiva, uma maneira de evitar de atacar o outro.

Braços dobrados indicam relaxamento, mas, se as mãos estiverem segurando o braço oposto, isso pode indicar um grau de restrição e irritação. As mãos dadas atrás das costas indicam uma natureza aberta e confiante, mas também pode ser para esconder as mãos que estão mostrando sinais de tensão ou nervosismo.

Deixar as duas mãos juntas também pode revelar um pouco. Se uma das mãos está fechada em punho, indica raiva, mas se a outra mão a estiver segurando, isso indica uma raiva contida. Os mentirosos tentam esconder as mãos também e às vezes seguram uma escondida atrás da outra ou ambas atrás das costas.

Ambas as mãos apertadas na frente, de maneira relaxada, com os polegares apontando para cima indicam prazer, possivelmente em algo que lhe foi dado ou que foi dito.

- Cumprimento

As mãos são a forma mais utilizada de linguagem corporal na saudação e como elas são usadas podem dizer muito sobre uma pessoa. Agitar as mãos é a forma mais comum e há várias maneiras diferentes. Se uma pessoa apertar a mão com a mão por cima, com um aperto forte ou de maneira prolongada, especialmente enquanto segura a pessoa com a outra mão, isso indica dominância.

O afeto pode ser mostrado da mesma maneira, mas geralmente é acompanhado por um sorriso contagiante e entusiástico. O problema surge quando pessoas dominantes estão fingindo ser amigáveis, mas uma olhada nos olhos deve ser capaz de dizer se uma pessoa é genuinamente afetuosa ou não.

Um aperto de mão feito com a palma da mão voltada para cima, de um modo desajeitado, uma mão úmida e uma rápida retirada indica submissão, embora também possa ser nervosismo.

- Cortar e Golpear

Movimentos como cortar e golpear geralmente indicam agressão de alguma forma. Um corte lateral com a palma voltada para baixo, é uma indicação de que uma pessoa quer que os outros parem o que estão fazendo; um golpe curto para o lado também indica um "não" em uma conversa. Ações de corte também podem indicar indecisão.

As mãos podem ser usadas para golpear com a palma da mão aberta ou fechada em um punho. As duas mãos cerradas em punhos indicam raiva extrema e geralmente é um convite para luta. Ambas as mãos voltadas para dento também indicam um certo grau de tensão.

Se uma pessoa com a mão fechada em punho e se move, mesmo que ligeiramente, em direção a outra pessoa, ela sinaliza agressão. Agitar o punho também indica agressividade e um desejo de atacar enquanto socos no ar com um punho indica excitação e triunfo.

- Cobrir

As mãos usadas para cobrir o rosto ou outras partes do corpo podem indicar várias coisas diferentes. As mais óbvias são as mãos sobre as orelhas, indicando que uma pessoa não quer ouvir algo ou mãos sobre os olhos, impedindo-os de ver algo. No entanto, mãos sobre os olhos enquanto agita a cabeça indica descrença. Se as mãos estão sobre a boca quando alguém está falando, pode ser um indicador de mentira ou incerteza. As mãos que cobrem o pescoço e a boca geralmente escondem outrossinais indicadores, como constrangimento e a deglutição, e também são uma maneira de impedir que as mãos forneçam outros sinais.

- Pedindo

Se as palmas das mãos estiverem viradas para cima, é um gesto de pedido e as palmas voltadas para baixo indicam geralmente um desejo de acalmar uma situação ou pessoa. As palmas das mãos viradas para cima, por vezes a um ângulo de 45 ° e puxadas para dentro, indicam um gesto de aceno enquanto as palmas das mãos pressionadas é um sinal de ansiedade e súplica, especialmente se os dedos estão apontados para cima ou para fora.

- Fricção

Esfregar as mãos juntas indica satisfação, deleite (ou que a pessoa esteja com frio!). Quando isso é feito lentamente, pode indicar que uma pessoa acredita que vai se beneficiar às custas de outra pessoa - observe os olhos sem foco e os sorrisos curtos.

Massagear ou esfregar as mãos juntas pode indicar estresse ou tensão enquanto esfregar o rosto, geralmente o queixo, indica que uma pessoa está pensando em algo ou avaliando uma situação.

- Pensando

Geralmente, se todos os dedos estiverem pressionados juntos apontando para cima ou se os dedos indicadores estiverem apontando para cima e o resto dos dedos estiverem interligados, isso indica um pensador. Também pode indicar um sentimento profundo de confiança e superioridade.

Outra versão de uma posição de pensamento é uma mão sustentando a cabeça e o dedo indicador da outra no lado da face ou sobre a boca. Isso também pode indicar que uma pessoa ainda não está pronta para falar. Ou todos os dedos poderiam estar entrelaçados e embaixo do queixo. Mãos cerradas, seguras ao lado do corpo, são uma indicação de que uma pessoa quer dizer algo, mas está se contendo porque ainda não está pronta para falar.

Braços e pernas

Os movimentos dos braços e pernas são indicadores úteis dos sentimentos e pensamentos das pessoas. O posicionamento dos braços e / ou pernas normalmente lhe dirá se uma pessoa é defensiva, relaxada ou confiável e qual é sua mentalidade emocional.

- Braços cruzados indicam que uma pessoa está na defensiva, fechando-se aos outros ou protegendo-se. Pernas cruzadas indicam o mesmo, assim como a necessidade de privacidade.

- As mãos nos quadris fazem com que uma pessoa pareça maior do que é, indicando uma sensação de força ou que está no controle de tudo ao seu redor - ou pensa que está.

- As mãos postas atrás das costas indicam um sentimento de tédio, raiva ou até mesmo ansiedade.

- Ficar mexendo ou constantemente batendo nas mãos ou pés indica tédio, frustração, impaciência e, em alguns casos, raiva também.

- Os ombros encolhidos, com a cabeça inclinada, as palmas das mãos abertas, as sobrancelhas levantadas e as pontas da boca viradas para baixo dizem "não sei" ou "não entendo". Nesta foto, as extremidades da boca estão viradas para cima porque esse gesto é combinado com um sorriso. Na linguagem corporal, muito raramente você consegue um único gesto por si só e aparece assim como um grupo de gestos.

Outros
- Mexer com a cabeça para cima e para baixo normalmente significa

que uma pessoa está dizendo sim, e uma sacudida na cabeça significa não. No entanto, existem certas culturas em que esses dois movimentos da cabeça têm o significado oposto.

- Bater a palma da mão na testa com a cabeça abaixada, fechar os olhos e às vezes balançar a cabeça de um lado para o outro significa "não posso acreditar" ou "que erro estúpido". Curiosamente, "face-palm" ou mão no rosto é a palavra que usamos para expressar essa emoção em nossa comunicação on-line com um emoji, o que significa a mesma coisa.

- O polegar para cima é um sinal universal para mostrar que você está bem ou que concorda com a outra pessoa. Em certas culturas, o polegar para cima com um puxão para cima é um sinal ofensivo que diz "sai fora". Esse gesto é tão universal que o Facebook, o YouTube e outros sites usam os polegares para o botão "Curtir". E então, o símbolo do polegar para baixo significa não gostar.

- Outro símbolo relacionado é o sinal OK com o dedo indicador unido ao polegar para formar um O e o restante dos dedos levemente espalhados para formar um K. Isso também demonstra aprovação ou concordância.

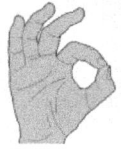

Como saber quando alguém está mentindo

A mentira provoca estresse por causa da dissonância cognitiva, ou a tendência a sentir desconforto quando você mantém informações conflitantes em sua mente. Você pode dizer se alguém está enganando você, procurando por sinais de estresse.

Os sinais comuns da mentira são muito fáceis de detectar e você já deve conhecer a maioria deles. Os mentirosos mais experientes treinam para não mostrar nenhum desses sinais. Portanto, esses sinais só ajudam quando se fala de crianças ou de alguém que não está acostumado a mentir. No entanto, mesmo os mentirosos experientes às vezes deixam a máscara cair quando estão cansados ou distraídos.

- Micro-expressões - são expressões faciais que aparecem brevemente, mas são substituídas por algo completamente diferente. Se você suspeitar que alguém não está sendo honesto com você, observe atentamente o rosto dele. É provável que surjam expressões verdadeiras, mas ele ou ela as suprimirá rapidamente. Preste atenção para que você capture esses sinais minúsculos.

- Expressão impassível - Alguns mentirosos sabem que seus movimentos faciais podem revelar motivos ocultos. Eles evitarão serem descobertos ao serem inexpressivos. Ironicamente, isso também é um sinal claro de que eles estão escondendo algo de você. Pessoas que não têm nada a esconder normalmente têm movimentos faciais.

- Piscar rápido - os pensamentos de uma pessoa se desenvolvem quando ele tenta criar uma história que não seja baseada em fatos reais. Isso faz com que os olhos pisquem rapidamente também.

- Mão sobre a boca é uma maneira do subconsciente de tentar evitar que palavras enganosas escapem da boca. Este gesto é muito comum em crianças que literalmente cobrem a boca logo depois de contar uma mentira. Mas você verá que a maioria dos outros gestos relacionados à mentira são versões sofisticadas desse mesmo gesto.

- Deixar os dedos tocarem a boca ou os cantos dos lábios são pistas de que a pessoa está tendo problemas com o que está dizendo. Estes são sinais de que o que está sendo dito não é completamente verdade. Em alguns casos, o punho enrolado tenta cobrir a boca.

- Colocar um dedo na boca pode parecer sedutor, mas na verdade pode ser uma tentativa juvenil de impedir a si mesmo de contar uma mentira. Roer as unhas da mão também podem ser uma tentativa subconsciente de não falar.

- Tocar ou acariciar o nariz é visto mais em adolescentes e adultos que instintivamente procuram tocar a boca ao contar uma mentira, mas no último minuto optam por apenas afagar o nariz, a fim de evitar ser muito óbvio. Quando alguém realmente está com o nariz irritado , você percebe que ele coça vigorosamente e passa algum tempo fazendo isso, mas quando alguém está mentindo ocorre apenas um leve toque no nariz.

- Esfregar o olho, combinado com desviodo olhar e olhar para baixo, é outro sinal de alguém que está mentindo. Os olhos podem ficar estreitos também. Esta é a versão da mente subconsciente de "não olhe para o mal". Os homens usam esse gesto mais do que as mulheres, principalmente porque as mulheres não esfregam os olhos, pois não querem manchar sua maquiagem.

- Esfregar a orelha é um gesto similar e não é usado pelo falante, mas sim pelo ouvinte, indicando que ele acredita que o falante está mentindo. É como uma tentativa de cobrir o ouvido para evitar que a mentira entre nele.

- Aliviar o nariz é um dos métodos menos óbvios de encobrir uma mentira. A mentira provoca estresse, o que provoca a liberação de substâncias químicas que causam o inchaço do nariz. Isso aciona a ação da mão para o nariz, como tocar, esfregar, beliscar ou puxar o nariz. Você pode notar que as narinas estão irritadas.

- Coçar o pescoço, logo abaixo ou atrás da orelha é outro sinal que mostra que o ouvinte não está de acordo com o que você está dizendo. Este sinal não indica necessariamente que eles acham que você está mentindo, mas sim que eles acham que você está errado.

- Puxar o colarinho da camisa também pode significar que a pessoa está mentindo. No entanto, também pode significar que ele está com raiva ou agitada.

- Raspar a garganta pode ser uma tentativa de bloquear simbolicamente as palavras desonestas de serem ouvidas. Também pode ser uma forma de aliviar a pessoa do desconforto de mentir ou suprimir o que precisa ser dito. A ansiedade faz com que os músculos da garganta se contraiam para que a voz soe mais alta ou mais instável do que o normal.

- Sorrisos falsos - sorrisos verdadeiros envolvem os músculos dos olhos. Fingir um sorriso é uma tentativa de apaziguar aqueles que estão sendo enganados. Sorrisos desonestos são abruptos e de boca fechada. Eles não levantam os cantos dos olhos.

- Pernas e pés inquietos - Os movimentos inferiores do corpo são geralmente mais difíceis de controlar do que os movimentos da parte superior do corpo. Cuidado com a inquietude nas extremidades inferiores, porque eles podem revelar desonestidade. Uma pessoa desonesta pode andar de um lado para o outro, balançar as pernas para frente e para trás ou deixar que os pés façam pequenos movimentos. Se os dedos dos pés estiverem visíveis, observe se eles se mexem. Esses movimentos significam o desejo oculto da pessoa de escapar.

- Falta de movimento das mãos - Os processos de pensamento de uma pessoa estão naturalmente ligados aos seus gestos. Se uma pessoa está tentando apresentar informações de maneira controlada, ele também pode controlar como seus braços e mãos se movem. As mãos podem estar escondidas nos bolsos ou mantidas ocupadas segurando ou mexendo em um objeto. Elas também podem estar completamente imóveis, como se a pessoa não quisesse revelar nada mais do que aquilo que ela escolheu dizer.

- Postura corporal defensiva - Se a pessoa parece que está protegendo seu corpo com os braços cruzados ou cruzando as pernas, isso pode significar que algo está deixando-a desconfortável. Se a pessoa estiver falando, ela pode estar mentindo. Se ele ou ela está em silêncio ou falando devagar, ele / ela pode estar retendo informações importantes. O corpo da pessoa também pode se tornar rígido para evitar revelar a verdade.

- Comportamento estranho - Mentirosos podem estar cientes de sinais que indicam desonestidade. Eles podem tentar cobrir seus rastros evitando as ações mencionadas acima. Para isso, é melhor saber como a pessoa geralmente age. Se ele / ela começar a agir de forma estranha, é possível que não esteja fazendo algo bom.

Aberta Vs Fechada

O último tópico sobre os gestos básicos da linguagem corporal é a diferença entre uma linguagem corporal aberta e uma fechada. Isso é útil quando se fala em particular com qualquer um, porque, se você consegue ver que a pessoa está sendo fechada, não adianta tentar convencê-la de algo, porque ela já se decidiu. Se você conseguir que ela mude para a linguagem corporal aberta, então ela pode entender o que você está dizendo. Você pode fazer isso através da construção de relacionamento (mais sobre isso depois).

- O gesto fechado mais comum é cruzar os braços em frente ao peito. Mostra negatividade e atitude defensiva. A pessoa está literalmente tentando colocar um escudo entre você e ela mesma. Nesta posição, a pessoa está completamente fechada e não aceita o que você está tentando dizer. Também pode significar que ele ou ela está em um modo protetor e cauteloso; se você conseguir que ele relaxe, você aumentará suas chances de ser ouvido.

- Cruzar as pernas é outro gesto que combina com os braços cruzados.

Como as pernas cruzadas escondem a genitália, isso simbolicamente expressa um desejo de privacidade. Se alguém tem as pernas e os braços cruzados, então eles estão contrariando você. Você pode desistir de tentar passar seu ponto de vista. Você precisa torná-los mais confortáveis e fazê-los se abrirem antes que você possa falar com eles.

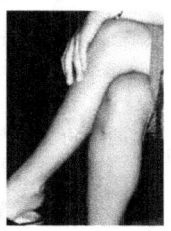

- Quando uma pessoa está curvada, ela pode estar se sentindo tímida, triste ou cansada. Essas condições envolvem fraqueza e, assim, sua postura geral parecerá estar diminuta. Há também momentos em que as pessoas deliberadamente parecem menores, mantendo os braços e as pernas perto de seus corpos, e inclinando a cabeça para baixo. Estes são geralmente feitos para evitar atenção indesejada ou para pedir desculpas por ter feito algo inconveniente para os outros. Um indivíduo que passa entre duas pessoas que estão conversandoentre si muitas vezes se curva ou diminui a postura.

- Colocar objetos entre você e a outra pessoa é outra forma de linguagem corporal fechada. Uma pessoa que faz isso tem medo de algo, e / ela pode não confiar em você completamente. Se você quer construir confiança, mantenha o espaço entre você e a outra pessoa claro. Isso diz a ele / ela que você não é defensivo em sua presença, então ele estará propenso a sentir o mesmo em você.

- Tome nota que uma linguagem corporal fechada nem sempre significa rejeição ou defesa. O cansaço pode fazer com que a pessoa se apoie cruzando os braços e as pernas e, se frio, essa postura faz com que se retenha calor. Você precisa considerar outros fatores antes de concluir que uma pessoa está rejeitando você completamente.

- Por outro lado, se alguém estiver falando com os braços abertos, com as palmas voltadas para você, então você pode acreditar que eles estão sendo completamente abertos e honestos com você - ao mesmo tempo que outras coisas confirmam isso. Uma linguagem corporal aberta pode significar outras coisas, como hostilidade (expor o corpo a um oponente, sinaliza que ele não é uma ameaça para a pessoa) ou súplica (braços abertos na direção de outras pessoas é um pedido de ajuda). Verifique o restante da linguagem corporal da pessoa para confirmar o que realmente está acontecendo em sua mente.

- Ao falar, você deve usar uma linguagem corporal aberta quando quiser construir confiança com o ouvinte. Estudos revelam que pessoas com braços e pernas descruzados são mais ouvidas do que aquelas com extremidades cruzadas.O gesto de braços abertos pode ter se desenvolvido a partir do homem das cavernas, quando mostrava as palmas das mãos para provar que não estavam portando armas. As palmas das mãos abertas hoje são um sinal universal de confiança e é por isso que ela é usada durante o juramento também. Lembre-se no entanto que as palmas das mãos estão voltadas para cima nesse caso. Palmas viradas para baixo significam dominância.

- Em pé com as mãos dos lados, logo acima dos quadris, é um gesto aberto que também é conhecido como postura de poder. Nesta postura, você está positivo e pronto para qualquer coisa. Permanecer nesta pose de poder por alguns minutos pode realmente preenchê-lo com confiança e energia positiva. Use este gesto quando quiser mostrar que você está no comando e no controle total. No entanto, tome cuidado para não fazer isso na frente de seus superiores. Eles podem interpretar isso como um gesto para dominá-los. Isto é melhor destinado para iguais ou subordinados, ou se você estiver sozinho.

- Outra postura de poder é levantar os braços acima da cabeça para que eles formem uma grande letra V. Isso aumenta sua sensação de bem-estar e faz com que você se sinta mais seguro de si.

- De pé ou sentado com as costas retas, sinaliza atenção e confiança. Também pode significar sutilmente que a pessoa é saudável, assim sua coluna está alinhada adequadamente e não está se curvando em desconforto. Essa é a razão pela qual a postura correta aumenta a atratividade - boa saúde é projetado por natureza como algo desejável.

- Quando de pé, equilibre seu peso uniformemente entre os pés. Não os coloque juntos, a menos que você pretenda parecer submisso. Não deixe os dedos dos pés apontarem para dentro porque isso pode fazer você cair e parecerá estranho. Posicione seus pés na largura do quadril para a estabilidade.

- Quando estiver sentado, incline-se para trás no assento e coloque os pés no chão. Se você é baixo e seus pés não alcançam, avance em sua cadeira até que eles entrem em contato com o chão. Mantenha as pernas e os pés imóveis e relaxados.

- Assim como pensamentos e emoções afetam a linguagem corporal, os movimentos físicos também podem influenciar estados internos. Se você quiser se sentir mais confiante, endireite as costas, tire a tensão dos ombros e descruze os braços e as pernas.

Estimulando uma Pessoa com uma Linguagem Corporal Fechada

Como mencionado anteriormente, a linguagem corporal fechada pode indicar resistência. As técnicas a seguir ajudarão a mudar a atitude de alguém que possivelmente está resistindo a você.

Use técnicas de construção de relacionamento. A conexão reduz as defesas das pessoas. Leia o capítulo sobre o Sintonia para mais informações.

Remova barreiras. Não coloque móveis e outros itens entre vocês dois. Se você puder removê-los, faça isso. Se você não bloquear a visão da pessoa, permita que ele ou ela veja que você não tem nenhum tipo de arma com você, para que ele não precise ficar naretaguarda. Você também diz ao seu subconsciente que você não está se protegendo porque não está esperando uma briga.

Mantenha sua linguagem corporal aberta. Experiências sociais provaram que uma linguagem corporal aberta é mais eficaz em gerar confiança e construir credibilidade.

Faça-os segurar alguma coisa. As mãos são muito expressivas. Se a pessoa estiver rejeitando você, suas mãos provavelmente estarão escondidas ou cerradas. No entanto, a coisa boa sobre a linguagem corporal é que, se você mudar as ações da pessoa, também muda a postura dela. Dê à pessoa defensiva um item que ele possa segurar ou manipular. Você também pode pedir que a pessoa lhe passe algo. Isso evita que as mãos dela assumam uma posição de defesa, assim ela também pode se sentir menos defensiva. Também lhe dá uma razão para interagir com você. Além disso, dar a uma pessoa algo prepara o subconsciente para dar algo de volta - como confiança e atenção.

Copie-os primeiro e faça-os copiar você. Similaridade cria uma sensação de segurança. Espelhe-o e combine a posição fechada do corpo e os gestos. Faça isso com outras técnicas de relacionamento. É possível que eles imitem seus gestos quando eles se tornarem mais receptivos a você. Quando você perceber que eles estão imitando suas ações, mude para uma posição de corpo aberto.

Sempre tente ser sutil quando você faz movimentos de linguagem corporal. O subconsciente da pessoa já está prestando atenção à sua linguagem corporal; não faça com que seja óbvio demais para envolver sua mente consciente também. Em vez disso, faça a pessoa se concentrar nas palavras que você está dizendo. Concentre-se em fazê-la sentir-se confortável. Quando você cria um relacionamento através da geração de emoções positivas, você não precisa mais fazer truques como espelhamento e correspondência.

Com esses gestos básicos em mente, podemos agora passar a examinar nossa vida profissional e pessoal e as situações em que podemos usar a linguagem corporal.

Capítulo 3
Linguagem Corporal na Vida Profissional

Em sua vida profissional, há muitas situações em que seu conhecimento da linguagem corporal pode ser útil. Vamos falar sobre algumas dessas situações.

Entrevistas
- No último capítulo, falamos sobre o poder da pose ficar de pé com as mãos nos quadris. Antes de ir para qualquer entrevista, você deve usar essa postura para aumentar a confiança e aliviar os nervos. Fique na frente do espelho com as costas retas, peito para fora e barriga puxada para dentro. Olhe em linha reta e fique na postura aberta com os pés na largura dos ombros e as mãos no lado dos quadris. Sorria e diga a si mesmo como você se sente confiante.

- Muitos entrevistadores gostam de começar com um aperto de mão, porque os apertos de mão podem dizer muito sobre uma pessoa. Três posições básicas de palma são usadas em apertos de mão. O cumprimento com a palma da mão voltada para baixo é um aperto de mão dominante. A palma voltada para cima é um aperto de mão submisso. A melhor abordagem é apertar as mãos com a palma voltada para os lados. Este é um aperto de mão neutro e, portanto, mais apropriado para uma entrevista.

- Seu aperto de mão também deve ser firme e confiante. Um aperto de mão desleixado e solto, chamado de "peixe morto", mostra falta de confiança e de interesse. Por outro lado, se o seu aperto de mão é muito firme ou um "quebrador de juntas", isso mostra que você é agressivo e arrogante.

- Quando você se senta, precisa lembrar de não apresentar uma postura fechada cruzando os braços ou as pernas. Sente-se confortavelmente com uma postura aberta que exala confiança. Nunca feche os braços na frente do seu peito. Isso mostra que você está confiante e não está tentando se esconder atrás de um escudo.

- Se você tiver que cruzar as pernas, use a posição americana com o pé apoiado no outro joelho. Mas lembre-se de que, embora essa posição seja mais confiante, ela também pode ser considerada de arrogância ou desrespeito pelo entrevistador.

- Por fim, preste atenção aos gestos que estão sendo usados pelo entrevistador, pois isso pode lhe dar uma dica sobre como a entrevista está sendo. Se o entrevistador apertar as mãos à frente dele, então não é um bom sinal, pois este é um gesto negativo e defensivo. Isso mostra frustração e, na situação de uma entrevista, significa claramente que a entrevista não está indo muito bem. Tente dar respostas melhores e, se você conseguir que ele solte as mãos, você ainda poderá dar a volta por cima na entrevista.

Reuniões

No local de trabalho, você passará muito tempo em reuniões, por isso é útil entender certas posturas e gestos a serem usados durante elas.

- Quando alguém estiver falando, use o gesto do punho no rosto para mostrar que você está interessado no que está sendo dito. O punho deve descansar alto em direção à face.

- Nunca use o gesto da palma da mão na bochecha pois mostra tédio. Alunos sentados em uma aula chata usam o gesto da palma da mão o que pode levar rapidamente à sonolência. Eles estão literalmente usando a palma da mão para apoiar a cabeça.

- Quando estiver falando, atente para a linguagem corporal dos outros para avaliar como está sua apresentação. Se muitas cabeças estão abaixadas, isso mostra que eles não estão gostando do que você está dizendo. Este é um gesto de desaprovação.
- A cabeça reta mostra interesse pelo que está sendo dito e um ponto de vista neutro.
- Acariciar o queixo com os dedos, enquanto o polegar repousa sobre a bochecha ou o queixo, mostra pensamentos profundos e tomada de decisão. Isso significa que tudo o que você está dizendo está sendo pensado com algum interesse.

- Por fim, se você estiver em uma reunião individual e quiser encerrar a reunião, adote a seguinte postura. Sente-se na extremidade do assento com as mãos apoiadas nos joelhos e as costas ligeiramente arqueadas para a frente, como se estivesse pronto para se atirar para fora da cadeira. Isso dá um sinal para a outra pessoa de que você está pronto para terminar a reunião e quer sair para que ela encerre as coisas. Isso pode ser útil quando se lida com pessoas que tendem a fazer reuniões desnecessárias. Observe também quando alguém está dando esse sinal para você enquanto você está falando. Nesta foto da Cúpula de Viena, tanto o JFK quanto o primeiro-ministro da União Soviética, Nikita Khrushchev, estão ansiosos para encerrar a reunião.

Reunião de Vendas

Um tipo particular de reunião que é muito importante para qualquer negócio é a reunião de vendas. Se você vende para clientes individuais ou para clientes corporativos, é necessário conhecer a linguagem corporal a seguir.

- Você quer gerar interesse no cliente sobre seu produto, então procure a posição da cabeça inclinada. Se você ver esse gesto, então você sabe que você está no caminho certo.

- Se, por outro lado, seu cliente estiver mexendo na roupa e evitando contato visual, é provável que eles já tenham decidido não comprar e estejam apenas esperando que você pare de falar para que eles possam dizer não.

- Quando você se senta em frente ao seu cliente, lembre-se de sentar-se com uma postura aberta e olhar para o cliente que tiver uma postura defensiva fechada desde o início.
- Sentar-se com as mãos atrás da cabeça e recostar-se é uma postura confiante e superior. Se o seu cliente mostrar essa postura, isso significa que não é provável que comprem, pois sentem que já sabem mais do que você. Você deve evitar usar essa postura na frente do cliente, pois você não quer que eles se sintam inferiores de alguma forma.

Diversos

Em outros ambientes de trabalho, como interação diária no escritório ou reunião com colegas fora do escritório em festas etc., você também precisará do conhecimento da linguagem corporal.

- Uma posição comum usada por pessoas dominantes é virar a cadeira ao contrário e sentar-se com o peito encostado no encosto. O encosto, então, torna-se um escudo para a pessoa se esconder, mas esta ainda é uma posição confiante e superior, porque por trás da segurança do escudo a pessoa pode atacar e dominar você. Este gesto vai desde o tempo em que os homens lutavam com espadas e escudos.

- Para desarmar tal pessoa, apenas manobre-se de forma diplomática para ficar por trás dela. Como as costas estão abertas, elas ficam em uma posição vulnerável e precisarão se virar.
- Ao interagir com pessoas em um evento profissional, como uma festa de trabalho ou uma conferência, lembre-se de ficar fora do espaço pessoal delas. A zona territorial varia de pessoa para pessoa, mas uma boa regra é que a zona íntima esteja no arco do comprimento do braço da pessoa. Se você está de pé fora deste comprimento do braço, então você

está na distância que pode manter com pessoas que você já conhece, mas pode ser ofensivo para alguém que você está encontrando pela primeira vez. Nesses momentos, tente ficar a uma distância que seja o comprimento combinado de seus braços. Esta é a zona social para interação profissional.

Essas ideias devem ajudá-lo em sua vida profissional. No próximo capítulo, veremos como a linguagem corporal pode melhorar nossa vida pessoal.

Capítulo 4

Linguagem Corporal na Vida Pessoal

A linguagem corporal usada em sua vida pessoal é muito diferente da vida profissional porque as pessoas estão menos atentas e se permitem ser elas mesmas. Há também muitas posturas que mostram intenções sexuais que são usadas na vida pessoal para mostrar nosso interesse pelas pessoas, mas devem ser evitadas em um ambiente profissional.

www.ingramcontent.com/pod-product-compliance
Lightning Source LLC
Chambersburg PA
CBHW072008070526
44583CB00015B/1380